JN410820

노을녘 산길 바람소리

노을녘 산길 바람소리

1쇄 찍음 | 2006년 8월 5일
1쇄 펴냄 | 2006년 8월 10일

지 은 이 | 정현모
펴 낸 이 | 김태봉
편 집 | 황은진, 김주영, 정종우
영 업 | 박상필, 김미란, 이준혁
등 록 | 제5-213호

펴 낸 곳 | 한솜미디어
주소 | (우143-200) 서울시 광진구 구의동 243-22
전화 | (02)454-0492, 팩시밀리 (02)454-0493
HomePage http://hansom.co.kr
E-mail hansom@hansom.co.kr

값 15,000원
ISBN 89-5959-043-6 03810
*잘못 만들어진 책은 구입하신 서점에서 친절하게 바꿔드립니다.

노을녘 산길 바람소리

사진·글 정현모

한솜미디어

글을 시작하며

그리운 산길

우리에게 아름다운 꿈과 희망은 산으로부터 시작하여 점차 여물어져 간다.

어릴 적 소풍을 가던 산은 청·장년기에 들어 대개는 행락을 즐기며 찾게 되고, 그러다 나이 들어 산을 체험하면서 산을 느끼는 감정이 그전과 달리 성숙해진다할 것이다.

언제부터인가 거의 고정적으로 어느 때나 수시로 드나드는 산은 그 산과의 교감이 생기고 정이 들어서인지 한동안이라도 그 산을 못 가게 될 때에는 궁금증이 늘어난다. 그러다 오르게 되면 반가운 마음으로 대화도 하고 가끔은 그 산에서 이승을 떠난 그리운 사람을 마음 놓고 불러보며 섭섭한 마음을 달래어도 본다.

오래전 1970년대 나의 산행수첩을 들쳐보면 지금은 너무도 믿기지 않는 일들이 많다.

그때만 해도 먹고 사는 것이 워낙 힘들 때(GNP 300~500$)이므로 그 당시 여유롭게 등산을 한다는 것은 그리 쉽지 않아, 현재 휴무일이면 북적거리는 서울 북한산도 그 당시는 한적할 수밖에 없었다.

오늘날 고도성장(GNP 15,000＄)에 힘입어 북한산 탐방객은 지난 2004년 500만 명을 넘어설 정도라고 한다. 그러나 이렇듯 많은 수의 탐방객들이 전국 유명산을 찾아드는 만큼 자연훼손 역시 극심해지는 실정이다.

사람이나 모든 생명체는 자연과 더불어 서로를 보호하며 살아가야 한다. 결코 한 순간도 자연을 벗어나 살아갈 수 없다는 사실을 인식하면서 그 소중함과 고마움을 늘 잊어서는 안 된다고 생각한다.

지난 30여 년 전(70년대)을 돌이켜보면 사는 것이 어렵긴 하였어도 그때는 어느 곳을 가도 산야의 자연경관이나 따뜻한 인정이 거의 그대로 있어 길을 걷는 즐거움이나 여정의 낭만이 깃들어 있었다. 솔직히 그때가 그리워 질 때가 많다.

늘 다니던 산길은 이제 나무나 철판, 돌로 만든 계단으로 변하였고, 숲은 하늘을 덮어 옛날과 같진 않으나 다행히 그 산 모습은 한층 더 건강해 진 것 같다.

서울의 지붕 북한산, 어느 때나 곧바로 심산유곡(深山幽谷)으로 들 수 있는 산. 바로 서울 도심의 북한산만큼 가장 가까이에서 접근하기 쉬운 산은 국내외 어느 곳에도 없을 것이다.

이 산은 1394년 10월에 도읍지를 한양으로 천도한 이래 조선시대의 고승이나 많은 문필가와 선비들은 이 산에 올라 그 당시 기행문이나 시문 등을 많이 남겼다. 그리고 그들의 기록이 현재에까지 전해지고 있다. 숙종 37년(1711)에는 전란의 피난처로 지금의 북한산성(약 9.5Km)을 축성하였고 산성 안에 120칸의 행궁(行宮)을 건축하기도 하였다. 이와 같이 수도 서울에 있는 우리나라 오악(五嶽)에 드는 북한산은 한편으로 우리나라의 역사를 말해주는 산(山)이기도하다.

우리나라에서 수려하기로 손꼽는 산이라면 단연 설악산을 빼 놓을 수 없다. 설악산은 북한의 금강산보다 규모는 작으나 그 산에 못지않고, 입지여건상 수시 입산이 쉽고, 교통편이나 편의시설도 잘 갖추어져 있다.

6.25전란으로 1953년 이후 남한에 환수되어 최근 연간 3백3십만 명(2004)넘게 이 산을 다녀갔다.

설악산은 동해에 가까이 있어 기상조건상 운해가 수시 머물고, 겨울 설경이나 깊은 계곡의 옥류같은 맑은 물, 수많은 폭포와 소(沼), 만물상같은 기암괴석, 각종희귀 동식물의 서식 등 자연생태와 어우러진 정경은 빼어난 산중 명산임을 과찬할 만하다. 이와 같이 워낙 수려한 산수(山水)의 절경에 매혹되어 한때 나는 틈나는 대로 이 산으로 달려가곤 하였다. 그리고 이 산은 그리 높지(1708m) 않아 사계절, 계절마다 변화의 특징이 뚜렷하고 누구나 쉽게 올라 산행 목적에 따라 형편에 맞게 등반 코스나 일정을 선택하여 만족할만한 산행을 즐길 수 있다.

산길을 걸으면 잡초에 이르기까지 눈에 뵈는 온갖 것들, 귀에 들리는 산바람소리, 물소리, 봄여름 계절마다 전연 색다른 산중 분위기 모두를 오감(五感)으로 느끼며 즐기게 된다. 어쩌다 노을녘 바람소리 스쳐가는 산길에서는 깊은 우수(憂愁)에 빠져 버리기도 한다.

산은 오를 때마다 그때 상황이 달라진다.

계절은 물론 그날 날씨나 시간에 따라 달라져 어느 때는 신비할 만큼 변화된 모습으로 보여 질 때도 있다. 이와 같은 현상을 반복하여 겪어 오다 어느 날부터 나는 산사진도 찍게 된 것이다.

이렇듯 내 안의 산은 오래토록 나를 포용해 주었으며 산으로 들 수 있는 강인한 체력과 더없는 수련의 기회도 주었다.

이제 늘 오르던 산이지만 다시 차분한 마음으로 내 산을 바라본다.

그 산이 어떤 모습으로 내게 다가오는지 법정스님도 이렇게 말하였다.

> "우리처럼 한평생 산을 의지하고 살아가는 사람들에게 산은
> 단순한 자연이 아니다.
> 산은 곧 커다란 생명체요, 시들지 않는 영원한 품속이다.
> 산에는 꽃이 피고 꽃이 지는 일만이 아니다.
> 거기에는 시가 있고, 음악이 있고, 사상이 있고, 종교가 있다.
> 인류의 위대한 사상이나 종교가 벽돌과 시멘트로 된 교실에서가
> 아니라, 때 묻지 않은 자연의 숲 속에서 움텄다는 사실을 우리는
> 상기할 필요가 있다."

<법정스님 수상집 글. 『산에는 꽃이 피네』 14쪽에서. 류시화 엮음>

한편 고마운 산은

산을 찾는 이에게 늘 신선한 생기(生氣)와 활력을 북돋아 준다는 사실을 나는 다시 확신하게 이르렀다.

정 현 모

●새벽 도봉산 만장봉
동녘에서 해가 뜰 때면, 어느 때나 만장봉 너른 벽면으로부터 밝아오기 시작한다.
이 산은 북한산과 묶어 1983년 4월에 15번째로 국립공원으로 지정되었다.

1 아직 못 잊은 산행수첩 초고

●설악산 천불동계곡 암봉
(칠선골, 큰형제막골)

우리나라에서
이 천불동 계곡만큼
크고 깊은 골도 드물다.
이곳에는 옥수같은 물이
넘쳐흘러 절경의 폭포와
웅덩이(沼)가 연이어져
있고, 계곡 주변에 가득
들어찬 기암괴석은
장관이라 할만 하다.

봄날 설악으로 간 사연

서울은 초만원이다. 나는 아침 일찍 북적거리는 마장동 버스터미널에서 속초행 버스를 타고 망우리 고개를 넘으면서 서울을 벗어난다는 사실을 실감하게 됐다.

매일같이 반복되는 고정된 생활 테두리를 벗어나 버스 창가에 기댄 채 먼 산과 들녘. 개울가나 온통 화창한 봄빛으로 장식되어진 풍경을 차창 너머 바라보며 지금 설악계곡으로 달리는 중이라고 생각하니 오랜만에 새장 안에 갇혔던 새가 날갯짓을 하며 하늘을 나는 기분이다. 버스는 어느덧 홍천과 원통을 지나 설악산 한계령 고개에 들어서기 시작한다. 우측으로 보이는 너른 한계전에는 눈 녹은 맑은 개울물이 철철 넘쳐흐르고 한계령 주변 숲은 이제서 연초록 움이 트기 시작하여 마치 그림 같아 오래전에 그렸던 수채화 생각이 되살아나기도 한다.

매년 계절이 가고 오며 그때마다 느껴지는 감각도 달라지는 것은 당연하겠으나 올봄은 사춘기 때 감성이 되살아나듯 나는 들떠 있었다.

가을산은 어느 때나 조용한 사색을 하게 하였었는데 이 봄은 나를 매혹하여 기어이 설악산으로 끌어들이고 말았다.

버스는 지금 한계령 고개를 넘어 오색으로 내려가고 있다. 오른쪽 방향으로 남설악 만물상이나 등선대가 내려다보인다. 남설악 깊숙한 계곡에 있는 주전골의 4계절 아름다운 정경이 머릿속에 그려진다. 그러나 나는 이날 천불동계곡으로 이끌려 가는 것 외에 더 생각 없이 지금 오색 남설악을 지나 버스가 빨리 설악동 쪽으로 달리기만을 바랄 뿐이었다.

이날 버스는 예정한 대로 속초까지 오후 1시에 도착하여 곧바로 나는 설악동을 지나 설악산 천불동계곡으로 서둘러 들어가게 되었다.

설악산 상봉에는 때에 따라 5월에도 눈이 오고 진달래꽃도 그때쯤 되어야 피기 시작한다. 거의 6월 하지(夏至)무렵까지 북벽(北壁)에는 하얀 눈이 쌓여 있어 5월 이맘때에는 겨우내 쌓인 눈이 녹아 내려, 깊은 계곡의 폭포에는 갑자기 불어난 물이 철철 넘쳐 떨어지며, 깊은 웅덩이(沼)와 개울로 이어져 흘러내린다. 그리고 천불동계곡 하류 쪽 비선대와 와선대 가까이에 합류된 지점의 계곡은 넓고 큰 웅덩이가 만들어져 있어 이곳 천불동계곡의 골이 위쪽으로 얼마나 깊고 웅장한 지를 느끼게 해 준다

나는 어느 때나 산을 바라다보면 그 때마다 은연중에 차분한 그리움 같은 것을 느끼게 된다.

복잡한 세상의 인연을 끊고, 속세를 떠나 살 수 없을 지라도 가끔은 혼자서 마음속에 박혀 있는 그리운 산을 찾아간다. 그 곳 산길에 들어서 길을 따라 오르며 주변의 나무나 풀포기, 바위 등의 눈에 보이는 모든 것들과 바람소리가 함께 어우러져 어렴풋한 대화라도 하는 느낌으로도 흐뭇한 즐거움이나 만족감을 갖는다.

●**비선대 미륵봉**
설악산 천불동 계곡 입구에 우뚝 서 있는 이 봉우리는 설악산의 상징이자 수문장이다.

산(山)은
구강산(九江山)
보랏빛 석산(石山)

산도화(山桃花)
두어 송이
송이 버는데

봄눈 녹아 흐르는
옥 같은
물에

사슴은
암사슴은
발을 씻는다

<박목월 「산도화」 에서>

봄 산에 나는 유난히도 진한 유혹을 느끼게 된다. 오래전 사춘기 때인가(1950 무렵) 자연을 그리는 박목월 시인의 애독자가 되어 그 시를 좋아하던 한 때가 있었다. 따스한 봄, 햇살은 산에 쌓였던 찬 눈을 녹여 내리며 개울가의 수줍은 분홍 산도화(山桃花)도 몇 송이 피어주고, 암사슴은 계곡물에 발을 담궈 새봄을 맞는 무릉도원(武陵桃源)을 연상케 하는 아름다운 정경을 그려본다. 누구도 매혹 될만하다. 사람들이 희구하는 이상향(理想鄕)은 어떤 곳일까. 중국에 소문난 무릉도원(武陵桃源)이나, 도화원(桃花源)의 풍치가 대단하다고 하나, 지금 내가 살고 있는 가까이 무릉

●시심을 부르는 계곡의 산도화(山桃花·복사꽃)
따뜻한 봄날 계곡에 핀 산도화는 예부터 시인이나 화가의 작품구상 대상이다. 박목월 시인도 〈산도화〉 첫 시집(1955)을 발간하였다.

도원(武陵桃源)만 할까, 그런 아름다운 설악골 정경 속으로 나는 지금 자연스럽게 빠져 들어가고 있는 것이다.

옛 시인은 무릉도원을 이렇게 읊었다.

안개 저편 하늘다리 보일 듯 말 듯	隱隱飛橋隔野煙
서쪽 물가에서 어부에게 물었네,	石磯西畔間漁船
복사꽃 온종일 흘러 내려오는데	桃花盡日隨流水
청계의 어드메에 무릉도원 있는가.	洞在淸溪何處邊

「복사꽃 계곡(桃花溪)」 <장욱(張旭): 연대 미상, 당나라 시인>

나는 지금 배낭을 한 짐 지고 바로 이 무릉도원을 찾아 설악산으로 들어서고 있다.

언제나 그렇듯이 비선대에 도착하면 물가에서 잠시나마 배낭을 내려놓고 신발을 벗어 발을 물속에 담가본다.

생각보다 물이 너무나 차다. 얼굴만 씻고 이제부터 본격 등반할 기세로 천불동 계곡을 따라 대청봉 쪽을 향해서 오르기 시작한다.

비선대에서 철재다리를 건너 계곡의 좌측 너덜지대를 20여분 오르다 보면 비선대 쪽으로 시원하게 트인 널찍한 개울가에 쉬기 좋은 곳이 있다. 이곳에서 쉬면서 올라온 길을 되돌아보면 장엄하게 미륵봉(금강굴) 양쪽에 세존봉이나 장군봉이 우뚝 서 있고, 그 주위에는 활엽수 나무들이 초록색 새 옷을 갈아입어 산뜻하게 보이는 풍치는 마치 구도가 잘 짜여진 멋진 풍경화와 같다.

대청봉으로 가는 산길에 양폭산장까지는 약 3시간가량 계곡을 따라 오르게 된다. 양폭산장 가는 데는 그렇게 급경사 길도 아니므로 나는 오랜만에 이곳을 오르면서 마음속에 그리든 신천지(新天地)에라도 들어선 듯 한 아름다운 풍치 속에 이런저런 생각나는 시구(詩句)나 노래를 중얼거리면서 오랜만에 여유를 갖고 길 따라 가벼운 걸음으로 올랐다.

지금 이곳 천불동 계곡은 따스한 봄날, 훈풍에 한창 나뭇잎이 돋아나고 겨우내 북벽에 쌓였던 흰눈은 이제야 녹아, 폭포에서 떨어지는 물소리는 깊은 계곡을 울려 더욱 소란하다.

설악산에는 진달래나 철쭉꽃이 그리 많지 않으나 계곡 가까운 숲에는 흰색의 산벚이나 이름모를 나무 꽃들이 간간이 피어 있어 연녹색 새잎의 활엽수와 조화를 잘 이루고 있다. 그리고 오르다 보면 간간이 등산길 바위 비탈 양지쪽에는 연분홍 진달래 몇 송이가 발길을 멈추게 한다. 어쩌면 저런 바위 위에서도 꽃을 피울 수 있을까. 뿌리를 내릴 흙도 물기도 없는 단단한 바위위에서 말이다. 저런 곳에서 꽃을 피려고 얼마나 힘겨운 진통을 겪어야 했을까. 그렇게 힘들다고 하는 인생살이와 비교가 되면서 내 자신을 돌아보게 된다.

나는 지금 어떤 모습일까. 나는 지금 사십(43)이 넘은 세 자녀의 아버지이며 책임이 막중한 가장이기도 하다. 나는 5남매 형제 중 꼭 중간에 태어나 가정 형편이 어려워 고등학교는 관비학교(국립교통고등학교)에 들어가 철도 직장에 평생 몸을 담고, 그 테두리를 못 벗어났지만 그런대로 열심히 살다보니 길이 열려 지금 그 길로 열심히 달려가고 있는 것이다.

바위 위에 피어난 연분홍 진달래꽃이 자꾸 떠오르면서 이흥렬 가곡 "바위고개" 노래가 떠올라 1절을 반복해서 흥얼거리며 산길을 걷는다.

산길을 오르며 흔히 보이는 무수한 잡초와 같은 생명체에도 시선이 닿으며 창조주의 신비를 새삼 느끼지 않을 수 없다. 창조주는 어느 것 하나 허

●대청봉(1707.9m) 봄눈
5월초 이 산에도 봄비가 오고 신록이 한창 돋는데, 대청봉 상봉에는 흰눈이 날리며 쌓이고 있다. 설악산에 겨우내 쌓인 눈은 여름으로 들어서는 6월 하순 하지(夏至)에 가야 거의 녹아내린다.

술하게 빚은 것이 없어 볼수록 깊은 감명을 받게 되고 한 포기의 풀잎까지 모두 소중하다고 생각하게 된다.

비선대에서 등반을 시작한지 3시간쯤 된 지점에서 또 요란한 폭포소리가 들려온다. 이 물소리를 듣게 되면 천불동 계곡에서는 가장 높은 지대에 있는 오련폭포에 가까워진 것이다.

이곳에서는 겨울이면 오른쪽(대청 쪽으로) 경사진 암반위에 많은 눈이 쌓여 수시로 눈사태 사상 사고가 발생한다.

그래서 겨울에 이곳을 지날 때는 눈사태 때문에 미리부터 마음을 졸이고 조심하게 된다. 이 날은 봄이 되어 눈이 녹아 있어 눈사태 염려는 안 해도 되었다. 지금은 우기가 아닌 갈수기이므로 양폭 위쪽 천당폭 부근에서 물줄기가 줄어들어 그 부근에서부터는 개울물도 끊어져 버린다. 그리고 희운각대피소 위쪽은 높은 지대가 되어 아직도 겨울을 못 벗어나 있다. 때문에 이번 봄 산행은 일단 양폭산장까지만으로 정하여 더 오르지 않고 되돌아 하산하기로 작정하였다.

오후 5시쯤 되어 양폭에 도착하여 이곳에서 조금 더 음폭 쪽 계곡으로 들어갔다. 이 부근은 비교적 깊은 산중인데도 계곡의 공간이 넓고, 거의 어느 때나 폭포와 계곡의 수량(水量)이 많아 시원하며 쉴 자리에 크고, 작은 바위들이 널려 있어 등산객이 많이 모여 쉬는 곳이기도 하다.

이날 양폭 부근은 높은 지대가 되어 아직은 좀 쌀쌀하였다. 이곳에 큰 나무는 이제 새싹이 돋기 시작하고 개울가 작은 나무에만 잎이 한창 푸르게 돋아 있었다.

나는 개울가 바위에 걸터앉아 그전처럼 바로 앞쪽으로 보이는 칠성봉 능선 바위의 오묘한 만물상을 하나하나 뜯어보며, 저 바위가 얼마나 많은 세월을 지내왔는지, 그리고 앞으로도 거의 지금과 같은 그 모양으로 영원할 것이라 생각해 본다. 그러나 지금 나는 훈훈한 봄나들이를 하며 우리네 세

●**주전(鑄錢)골**
오색 남설악 주전골은
골이 깊어 폭포나 소(沼)가 대단히 수려하고,
등선대, 만물상 등 기암괴석은
이곳보다 더 기묘한 곳이 없는 것 같다.

상살이는 한 순간 뿐이려니….

나는 어느 날 어디로 갈 것인가.

귀에 들리는 물소리, 바람소리도 부드럽기만 하다. 나는 양폭에서 한동안 그렇게 머물다가 얼마나 되었는지, 이곳은 깊은 산중인지라 날씨도 선선해져 어두워지기 전에 아쉬움을 남기고 하산을 서두르게 됐다.

올라 올 때는 햇볕도 따뜻하여 신선한 봄을 느끼며 여유로운 걸음이었으나 내려가는 길은 계곡에 서서히 어둠이 깔리기 시작하므로 음산한 분위기 속에서 좀 빠른 걸음으로 하산하였다. 그리고 이날 밤 나는 설악산 골짜기를 벗어나지 않으려고 비선대 부근에서 머물며 하룻밤을 보내게 되었다.

이곳 산중은 밤이 일찍 든다. 저녁 시간은 얼마 안 되었는데 벌써 밤이 깊어지며 계곡의 물소리와 가끔 바람소리만 어둠 속에 들려오고 있다.

산길을 걸으며 낮에 보이던 것들이 눈에 선하게 떠오른다.

계곡에서 옥류가 흐르는 물소리, 생명이 있는 온갖 초목과 절묘한 암봉들, 이들이 모두 함께 어우러진 봄차림이 그전에 보던 때와는 훨씬 새롭게 느껴졌다.

앞으로 이런 날이 더는 몇 날이나 내게 있을는지.

깜깜한 어둠 속에 어렴풋이 권금성산장 불빛이 바람에 가끔 반짝이고,
밤하늘 무수한 별들은 금방이라도 모두 쏟아질 것만 같다.
나는 설악산 계곡 산막에서 지금 생각하여 본다.
이 봄에 이렇게 설악산 무릉도원 유혹에 빠져 있다고….

1980. 5. 3.

북한산(北漢山)에 별당(別堂)이 있다

휴무일마다 북한산은 초만원이다. 이들은 거의 산을 좋아하는 도심의 직장인이 많은 편이라 생각한다. 북한산은 서울 도심에 가까이 있고 산의 아름다움이 특히 빼어나 1천만이 넘는 서울시민의 휴식처이고 심신 수련이나 놀이터가 되기 때문이다. 그래서 백운대나 인수봉으로 접근하는 등산로에는 휴무일이면 등산객으로 초만원을 이루고 있는 실정이다.

만약 그렇게 북적거리지 않는 이 산 어느 곳에 좀 여유롭고 풍치가 좋은 장소는 없을까?

그런 곳을 찾다가 새롭게 발견한 곳이 있다.

백운내 매표소에서 하루재를 넘어 인수산장 21휴식처 아래로 조금 내려가서 인수봉 허리 부분으로 돌아가다 보면(노고산 쪽) 새소리, 바람소리만 들릴 뿐 조용한 산길로 들어서게 된다.

이곳에서 1시간쯤 인수봉 서북쪽 비탈길로 들어가면 밋밋한 암봉 하나가 산속에 조용히 앉아 있다. 그 바위 위에 10여 명이 둘러앉아 놀이도 할 수 있는 전망이 좋은 평평한 자리가 마련되어 있다.

이곳을 즐겨 찾는 우리 철도산악 악우(岳友)들은 이곳을 별당(別堂)이라 부르고 있다. 물론 지도상에나 등산 안내도에도 없는 이름이며, 특히 철도산악인들이 오래전부터 그렇게 불러오고 이곳에서 자주 만나 오곤 했다.

흔히 산에 있는 암봉이나 바위에는 그 형상이나 유래에 따라 여러 가지 별칭이 붙어 있다. 소의 귀 같다 하여 우이암(牛耳岩), 귀신 얼굴을 닮았다 하여 귀면암(鬼面岩), 노적가리 같다 하여 노적봉, 남자 심볼과 비슷하다 하여 남근석(男根石) 등 별의별 이름이 다 있다. 그 유래나 형상과 연결하여 생각해 보면 재미난 것들도 많다.

그러나 이 별당은 유래나 형태와 관련이 있는 별칭은 아니다. 구태여 명명이유(命名理由)를 붙이면 전망이 좋은 그 위치 때문이다.

북한산의 주봉(主峰)인 백운대와 인수봉, 만경대는 서울시내 쪽에서 볼 때, 정면으로 우뚝 서 있는 암봉들이 일부만 보여 이들 모두를 한 장소에서 조망할 수 없고, 산의 모습이 너무 평면적이므로 만족스럽진 못하다. 그러나 이 산 뒤쪽 별당에서는 북한산은 한 장소에서 파노라마처럼 펼쳐진 북한산 진경을 조망할 수 있다. 그리고 무엇보다 조용하고 은밀한 위치의 암장이라는 것이다. 집으로 비유하면 본채를 내당(內堂)이라 불러야 되고, 여기서 별당(別堂)이라고 부르는 암장은 내당의 앞쪽으로 은밀한 위치에 들어 앉아 있으니 별당(別堂)이 될 수밖에 없어서 그렇게 부르기 시작하였던 것이다.

그리고 풍수적으로는 어떻든 간에 이 별당에서 앞쪽을 향하여 보면 좌측으로 우람한 인수봉 암능이 동북쪽으로 풍성하게 뻗어 내려 있고, 또 우측 방향으로는 인수봉 정상과 맞대어 높게 솟은 백운봉(대), 이 백운봉은 정상에서 서쪽으로 길게 원효능선으로 연결되어 숨은벽 능선과 나란히 뻗어 있다. 바로 이 암능선이 시야로부터 적당히 떨어진 거리에서 좌우나 앞쪽으로 이 별당을 감싸주고 있어 이곳 분위기를 한층 아늑하게 해주고, 또한 이곳에서 보는 풍치는 이 북한산에서는 가장 빼어나다고 할만하다.

나는 이 별당을 애지중지 자주 찾기 시작한 지도 벌써 20여 년이 넘은 것 같다. 한때 북한산의 사계절 아름다움에 매혹되어, 그 모습을 사진으로 옮겨 보려고 이산저산을 헤집고 다니던 때부터이다. 북한산 사계절을 통하여 일출, 일몰시간대나, 눈·비가 오는 날, 산은 천태만상으로 달라질 때가 있다. 특히 인수봉의 변화무쌍한 모습을 사진에 담으려는 욕심에 새벽 한두 시에도, 한밤중 심야에도 이 산 촬영에 몰두하느라 시도 때도 없이 북한산 전역을 더듬어 다녔다. 그렇게 20여 년도 더 지난 것 같으나, 아직 흡족하지 못한 것이 사실이다. 그러던 중 어느 해 가을에 인수봉 뒤쪽 암능(岩

●꽃이 피는 북한산
봄이 오는 북한산에는 많은 등산객이 모인다. 이 산 별당(속칭)에서 보이는 그림같은 파노라마 경치는 북한산 제1경이라 할만하다.

稜)의 수려한 모습을 촬영하려고 여기저기 자리를 찾다가 바로 이 별당을 만나게 된 것이다.

한때는 이 부근이 군사지역으로 출입이 통제되어 인적이 전연 없었다.

북한산을 찾는 많은 등산인들은 거의 인수봉과 만경대, 백운대 등 주봉을 시내 쪽에서만 흔히 보지만, 이 산 뒷모습은 일반적으로 잘 알려지지 않은 것이다.

나는 인수봉 뒤쪽의 파노라마 암능을 살펴보면서 이곳에서는 자연의 오랜 신비를 고스란히 갖추고 있는 듯한 느낌을 갖게 됐다. 북한산 전경(主峰)을 가장 가까운 거리에서 모두를 한 장소에서 선명하게 바라볼 수 있는 장소가 바로 이곳 별당이다. 나는 많은 악우들과 특히 사진에 취미를 가진 사람들에게 이곳을 소개하였다. 그런 후부터 우리 악우들이 인수봉 뒤쪽으로 산행을 하는 경우는 반드시 이 별당에 들르게 되고, 이곳에서 만나 점심도 함께 하는 등 하루를 즐기는 사랑방 자리로 되어 버렸다.

이 별당은 여름철 폭염이 기승을 부릴 때는 운치 있는 최고의 피서지가 되기도 한다. 한때는 7·8월 노염이 극성을 부릴 무렵 둥근 달이 떠오르는 주말을 골라 몇몇 악우들이 오후 늦게 이곳으로 야간 산행을 한다(현재는 금지된 것으로 알고 있지만). 인수봉 위로 떠오르는 둥근달을 우리 악우들은 이곳 별당에서 맞는다.

그런 밤, 북서쪽 효자리 계곡을 통하여 불어오는 임진강의 시원한 밤바람, 한여름 짙은 녹음에서 풍겨나는 풋풋한 숲의 향기, 이름 모를 산새와 산벌레 소리, 그리고 인수봉 머리 위에 걸터앉아 환하게 웃고 있는 둥근달, 이런 것들이 어우러져 다정한 벗들과 소주잔을 기울이는 그 낭만이야말로 이곳 별당이 마련해 주는 최고의 선물이 아니겠는가.

달을 맞는 밤 별당에 모인 악우들은 밤이 깊어가는 줄도, 날이 새는 줄도 모르고 속세 이야기, 산 이야기, 노래와 시 낭송에 끝이 없는 것 같지만 ,

하얀 밤은 금세 사라져 버린다.

사람이 사는 동안 제 나름대로 만족하고 살아가는 방식이 있겠으나, 우리 악우들는 이와 같은 산에서의 경이로운 성취감에 그 만족을 더하게 된다. 그러므로 우리는 이 별당에서 대자연 속에 달맞이를 하면서 진지한 우정의 다짐이나 한편으로 행복 만들기를 더 터득하고 있는 것이다. 모름지기 산을 사랑하는 사람들은 심신이 피로하거나 생활이 고달프면 이와 같이 산에 와서 그 즐거운 해법을 얻어 가게 된다.

나는 가끔 북한산 별당에 혼자 앉아, 가까운 거리에 있는 풍만한 인수봉이나, 백운대의 웅장한 바위 능선을 바라보면서 우리 악우들도 수시 이곳에 들려 산수를 즐기고, 심신 수련의 보람 있는 기회가 되어주길 바래 본다.

급한 암벽 하늘에 기대어 섰고	陡絶倚空立
높이 솟아 구름 뚫고 들어갔네	削成高入雲
하늘이 어느 해에 만들었는가	何年役天匠
오늘 보니 구름더미와 같구나	今日想雲斤
이태백은 멀리 속세 떠나 있고	李白多遺俗
큰 암벽도 홀로 우뚝 솟아 있네	洪崖獨不群
시를 읊으려니 모두 어우러지고	將詩要共和
뜻이 좋으니 향기가 솟아 오르네	有味當奇芬

「인수봉」

<묵재 홍언필(默齋 洪彦弼): 조선 전기문신(1476~1549)>

백운대에서 만나던 그 소녀는

요새 사진이 잘 안 된다. 무거운 사진 장비는 배낭에 언제나 자리를 차지하기 때문에 먹거리와 입을 것들을 제대로 챙겨갈 수 없다. 그러므로 사진 장비를 들고 가는 날이면 산에서는 늘 거추장스러움과 배고픔의 고역을 치러야 한다. 특히 산에서 캠핑을 하거나 장기간 머물 때는 더욱 등짐에 제약이 된다. 산에서 사진을 본격적으로 찍자면 모두 그런 고역은 감수해야 한다.

이번에도 이곳 백운산장에서 잠을 자는데 침구류를 제대로 못 가지고 가게 됐다. 내일은 일요일이므로 백운산장에서 오늘 밤잠을 자고, 다음날 새벽 일찍 백운대에서 사진을 찍으려고 오늘 집에서 저녁 늦게 북한산으로 출발하여 백운산장에는 밤 12시 30분쯤 도착하였다.

산장 일층 마루바닥에 침낭을 펴고 잠을 청하는데 잠이 좀처럼 오지 않고 뒤척이게 되었다. 이 날 밤은 다행히 산장 안에서 떠드는 사람도 없고 실내 온도도 잠자기에 적당한 것 같은데 잠은커녕 공상만 이어져 이날따라 내가 20대 젊었던 시절 이곳 백운대 산장에서 자주 만나던 상냥한 소녀 모습이 눈에 선하게 떠오른다. 나와 인연을 맺을 뻔 하였었는데…….

오래 전 10월초(1963), 쾌청한 가을 일요일이었다. 그날 직장 선배 두 분과 셋이서 이곳 북한산 우이동 계곡에 단풍놀이 겸하여 바람 쐬러 가게 되었다. 우이동 계곡입구에서 걸어 백운대 쪽 방향으로 오르고 있었는데 마침 우리 곁을 지나는 간편한 등산복 차림의 날씬한 20세 미만 소녀가 우리를 앞지르고 있었다. 이때 산에 오르는 길에는 우리들밖에 없어 조용하였다. 그때 우리들은 그 소녀에게 산에 올라가는 길을 물으며 얘기하다가 함께 동행하게 되었다. 우리는 지금의 도선사 주차장 아래 양지바른 골짜기 단풍 그늘에 자리를 잡고 그 소녀와 함께 쉬기로 하였다. 그 때 그 소녀(김○○)가 우리에게는 좀 생소한 산꾼(?)처럼 보여 더 호기심과 호감을 갖게 되었다.

우리가 갖고 온 음료수(주류도 있었고)와 과자류, 과일 그리고 그 소녀의 배낭에서 꺼낸 간식류 등을 먹으며 얘기를 하다 보니 금방 대화가 부드러워지고 격이 없이 편안한 분위기가 되었다. 그 때 나는 결혼 전(26세)이었으나 함께 온 선배 두 분은 나이가 지긋한 기혼자였으며 그 소녀는 무학여고를 갓 졸업한 아주 상냥하고 보통의 키에 산에 달련이 되어서 인지 단단한 체구에 눈이 크고 예쁜 인상이었다.

그 때 동료선배 두 분의 재미있는 유머 등으로 분위기가 부드러워지면서 우리들은 부르기 쉬운 가곡을 합창도 하면서 해가 질 때까지 놀다가 우이동으로 도로 내려와서 그 날은 바로 헤어졌다.

그런 후 나와 그 소녀는 전화 연락이 되어 몇 번인가 시내 명동에서 만나 차도 마시고 저녁도 먹고 점점 만나는 횟수가 잦아지다가 일요일이면 가끔 북한산에 등산도 함께 하게 되었다.

●**백운대 진달래**
백운대에서
원효능 쪽으로
조금 내려가는 곳에
이른 봄이 오면
진달래가 만발한다.
이때쯤 되어
인수봉 암벽에는
전국에서 바위꾼들이
모여들기 시작한다.

백운대 오르는 길 경사가 급한 등산로에서 땀을 뻘뻘 흘리며 그 소녀 꽁무니를 따라 다녔었고 언젠가 비 오는 날에 백운산장(지금도 그때도 이영구 씨가 관리하고 있음)에서 그 소녀가 5~6명의 산악인들에게 나를 소개하면서 그들 틈에 끼어 신참으로 그들과 소주도 마시며 어울리게 되었었다. 그들은 거의 전문산악인이었었는데 나를 무척 반가이 맞아 주었으나 그 때 나는 전문산악인에 대하여 이해가 부족하였으므로 솔직히 그렇게 호감이 가지 않았다.

그 소녀는 나를 백운대 외에도 북한산 보현봉이나 만경대 등에 등반을 심심찮게 리드하면서 등산에 취미를 붙여 주려하였으나 나는 그렇게 쉽게 재미가 붙지 않았다.

그럭저럭 2년쯤 되던 바로 추석날(그때는 추석 같은 명절에 등산하는 사람이 거의 없었음) 그 소녀와 나는 백운대 쪽으로 가기 위해 조용한 우이동 초가을 길을 그렇게 따갑지 않은 햇살을 받으며 느린 걸음으로 오르는데 그날따라 그 소녀가 유난히도 상냥하고 예쁘게 보였다. 내 착각이었는지 모르지만, 사랑을 느끼게 될 때가 돼서 그랬는지….

이 날은 추석날 오전이 되어 시내도 산에도 모두 조용하기만 한데 우리 둘은 즐거운 산행을 만끽하며 오르게 되었다. 시간도 얼마 안 되어 백운대에 도착하여 확 트인 서울의 전경이나 북쪽으로 멀리 첩첩 쌓인 산들을 조망하면서 백운대 한 쪽 바위 모퉁이에 앉아 그 소녀가 갖고 온 송편을 먹으며 한동안 가벼운 얘기들을 나누며 머물다가 우이동으로 도로 내려 왔다. 그런 후에도 전처럼 시내에서 만나 차도 마시고 식사도 하고 잘 지내오다가 어느 날부터 소식이 끊어진 것이다.

그 무렵 나도 직장 일에 바빴었는데 그렇게 그 소녀를 찾아야 할만한 뚜렷한 이유도 없고 또 체면도 있어 애써 찾으려 하지 않았다. 그 소녀는 내가 별스럽지 않은 존재로 생각되어 소식을 의도적으로 끊어버린 것만 같았다.

지금 생각하면 너무도 싱겁게 끝이나 버렸다. 그 소녀는 여고를 졸업하고 초등학생 가정교사를 하며 종로 5가에서 살고 있었는데, 그 당시는 가정집에 거의 전화도 없었고 연애를 한다 하여도 여자집(처녀집에 남자 출입은 거의 불가)으로 연락하기가 그리 쉽지 않은 때다. 그때 내 생각으로는 그 소녀가 아직은 어여쁜 어린 소녀로만(?) 보였을 뿐 결혼을 앞둔 내 처지로는 성숙한 여자로 여겨지지 않았다. 시간이 흐르고 나서야 나는 아쉽고 서운함을 느끼게 되었다. 거의 2년여 간을 총각, 처녀가 잘 알고 지냈으면서 그 소녀는 나의 소극적인 행동에 실망하여 일찍 포기하고 다른 신랑감을 찾아 의도적으로 끊어버린 것이다.

햇볕에 알맞게 그을린 얼굴에 좀 큰 눈망울이 초롱초롱하고 적당한 키, 날씬하고 단단한 몸매에 등산 배낭을 메고는 힘도 안 들이고 백운대 급한 경사 바윗길을 오르는 그 소녀의 모습이 지금도 이곳 백운대 쪽으로 올 때마다 생각난다. 백운대 길에서 언젠가는 꼭 만날 것이라고 확신하고 있었는데 아직도 못 만나고 그 소녀 또래만 보면 옛 생각이 간절해지기도 한다.

한 번은 백운산장에서는 알까 해서 백운산장 이영구 씨 부인에게 물어보았는데 1, 2년 전에는 어쩌다 보였지만 최근에는 전연 오지 않는다고 한다. 어느 곳에서 어떻게 살고 있는지 궁금하고 보고 싶을 때가 있다. 그리고 엉뚱한 공상을 할 때도 있다(착각이겠지만). 만약 그 소녀와 만나는 횟수가 더 잦아졌었거나 내가 적극적이었다면 그와 천생연분(결혼)이 되었는지도 모른다. 그렇게 되었을 때 나는 지금쯤 근엄한 전문산악인이 안 되었더라도 어느 산막에 묻혀 살거나 히말라야 고봉의 크레바스에서 영민하고 있는지도 모를 것이라 상상해 보기도 한다. 어떻든 나는 그 소녀와 그때 헤어진지 거의 10여 년 후부터 공교롭게 내 자신이 산에 푹 빠져 버려 이제는 산을 떠나서는 살 수 없을 정도가 되어 버렸다. 그 소녀의 영향은

●과밀한 북한산 탐방객
북한산은 휴무일마나 탐방객이 일시에 몰려, 산은 몸살을 앓게 되고, 이곳을 오르내리는데 혼잡이나 위험은 더욱 문제가 되고 있다. 시급히 개선방안을 마련해야 될 일이다.

아니겠지만, 해가 거듭되고 나이가 차츰 들면서 산을 느끼는 정도는 그 때보다 훨씬 성숙해져 젊었던 그 때와 지금은 사뭇 달라져 있다.

그 소녀와 함께 오르고 들리든 저 백운대, 백운산장, 만경대……. 둘이서 밟던 깔닥고개 바위길이나 그곳에 등산로 모두 그 때 그대로인데 그간 너무나 많이 흐른 세월에 지금 나 자신은 너무나 달라져 버렸다.

지금도 휴무일에 나는 사진을 찍는다고 북한산 이곳저곳을 거의 누비고 다닌다. 오늘도 혼자서 백운산장에서 밤을 보내며 눈에 선한 그 때 그 소녀가 떠올라 생각을 더듬어 보는 것이다. 지금쯤 어느 가정의 중년 부인이 되었을 텐데…. 어떤 모습일까? 한 번쯤 만났으면 하고 마음속으로 그려본다. 지금 어느 곳에 사는지…. 이렇듯 과거의 백운대 추억이 자꾸 그리워지는 것은 가는 세월이 나에게 많은 나이를 덧씌운 탓이려니 생각된다.

어떻든 지난 추억은 나에게도 마냥 아름답고 그리워진다.

그러나 나는 이 밤을 보내고 또 다가오는 내일 새벽 인수봉에 매달려야 한다. 멋진 셔터 찬스가 와주길 고대하며….

1996. 10. 19.

망중한 설악산 호랑이 얘기

5월 하순, 설악산 자락은 따뜻한 날씨에 한창 초록색 새잎이 돋아 새 단장을 하며, 초여름으로 들어서는 절기이다. 그러나 높은 산 능선 응달에는 아직도 겨울 흰눈이 두텁게 쌓여 하지(夏至)에 들어서야 녹아내린다.

이때쯤 중청이나 소청봉(1,550m)에도 진달래꽃이 피기 시작한다. 그러다가 갑작스런 날씨 변덕이라도 있게 되면 밤사이 분홍색 꽃잎에 살얼음이 맺혀 보기 좋게 설화로 태어나지만, 그것도 잠시뿐 연한 꽃잎은 바로 시들어 볼품이 없게 된다.

나는 지난해(1985년) 5월말 오랜만에 혼자 대청봉으로 가려고 비선대 부근에서 하룻밤을 보내고 날이 새기 전에 깜깜할 때 천불동 계곡으로 들어서게 되었다.

계곡 입구에서부터 꽤나 요란스럽게 흐르는 물소리를 들으며 헤드랜턴으로 산길을 비춰 올라가다 보니 금세 귀면암 쉼터에 도착하게 되었다.

이곳에서부터는 주변이 조금씩 밝아지는 것 같다. 바위에 걸터앉아 쉬면서 숨을 고르는데 맞은편 바위벽에 작년(1984. 8) 태풍 '돌리' 때 이곳 계곡에서 조난자를 구조하던 중 희생한 산악인 기념동판이 보여 나는 그 앞에 다가서서 잠시 존경스런 산악인 넋에 머리 숙여 경의를 표하고는 땀을 씻고 얼마간 쉬게 되었다.

겨우내 쌓였던 눈이 이제서 녹아내리는 때가 되어 흐르는 물소리는 더욱더 요란하다. 쉬다보니 어둠 속에서 좀 적적함도 느껴지지만 이런 홀로 산행이 오히려 귀한 체험이며 좋은 자기수련의 기회라 생각되었다.

그리고 이곳 천불동계곡은 그전부터 자주 오르내려 지금 어둠 속 산중에 혼자 걷는다 해도 주변 산세에 익숙해 있어 그리 불안하거나 불편한 것은 없는 것 같았다.

쉬면서 느린 걸음으로 양폭을 거쳐 무너미 고개에 닿을 무렵에는 날이 거의 밝아졌다.

희운각 대피소 개울가에서 아침 요기로 라면을 끓여 먹고는 급하게 서두를 일도 없어 느긋이 쉬고 있는데, 바람이 불며 안개비가 내리기 시작한다. 아침을 먹어서 인지 피곤하기도 하고 주위가 워낙 조용하여 이곳 대피소 처마 밑에서 벽에 기대앉은 채로 한동안 쉬면서 잠깐 눈을 부치기로 하였다.

10시가 넘어 소청봉 급한 경사 길을 오를 때에는 가랑비는 그치고 바람만 세차게 불었다. 간간이 햇빛이 들어 대청봉의 하얀 설화가 눈에 밝게 비췬다. 지금 이곳에서 설화가 보이는 대청봉까지 가려면 빨리 서둘러도 1시간 반 이상 걸릴 텐데, 저곳의 설화는 햇빛에 금방녹아 없어지므로 지금 이곳에서나마 겨우 쳐다보는 것뿐이다.

이럭저럭 느긋하게 쉬면서 대청봉 대피소에는 오후 2시쯤 넘어 도착하였는데 하얗게 보이던 설화는 모두 사라져 흔적도 없고 정상에는 몸을 날릴 듯한 세찬 바람만 불었다.

●**대청봉 설화**
어느 날(1978.10.21) 대청봉 콘크리트 벙커 안(6·25전쟁 엄폐호)에서 밤새 떨다가, 새벽에 날이 새며 밖으로 나갔을 때의 설화(상고대) 장면이다. 그 당시는 가을 단풍철인데도 지금처럼 등산하는 사람이 별로 없었으며, 그 후 그 벙커는 1980년대에 들어서 개보수하여 유료대피소로 활용하게 되었다.

이곳 대청봉에 있는 대피소는 6·25전란 때 군에서 전투용 콘크리트 벙커(엄폐호)로 축조되어 있는 것을 1980년대 초까지는 동절기나 기상이 좋지 않을 때 가끔 산악인들이 이 안에서 소형 천막을 치거나 잠시 대피할 정도로 이용되어 오다가 그 후 등산인이 갑자기 늘어나면서 설악동에 거주하던 이옥모 씨가 이곳에 내부단장을 다시 하고, 한쪽에는 온돌방을 이어 내는 등 많은 등산객이 침식을 할 수 있도록 유료로 운영하여 특히 기상악화나 안전사고 시에는 대단히 중요한 산중대피소로서 편의를 제공하게 되었었다.

이날 내가 등반하던 때는 마침 산불방지 입산 통제기간이고 휴무일이 아닌 평일이어서인지 산에는 등산객이 전혀 없어 조용하기만 하였다.

내가 대피소 문을 열고 들어서는 순간 이곳 관리인은 깜짝 놀라며 무척 반긴다. 이곳 관리인은 내가 몇 년간 대청봉을 오르면서 자주 대피소에 머물게 되어 서로 잘 아는 처지가 되었었다. 이날은 어쨌든 이곳에서 머물 예정이었으므로 아예 안쪽 온돌방(내실)으로 들어가 관리인과 단둘이서 하룻밤을 보내게 되었다.

나는 배낭을 풀어 정리하면서 좀 쉬다가 배낭에서 먹을거리를 꺼내고, 고기를 구우면서 일찍부터 한 잔씩 하게 되었다. 한 잔씩 권하며 거의 대부분 산에서 겪었던 흥미진진한 얘기로 이날 밤샘을 하게 된 것이다.

이날 얘기 중 내가 의아하게 생각되었던 것은 이곳에서 얼마 전에 자기가 호랑이한테 혼쭐났었다는 톱 뉴스였다. 이를 대충 얘기하자면, 그는 작년 겨울 눈이 온 날 봉정암 대피소에 가서 그곳 관리인과 밤늦게까지 놀다가 되돌아오는데, 중청봉 군용 레이더가 설치되어 있는 곳으로 조금 우회하게 되었다. 바로 중청봉에 가까워질 때 그곳 레이더 시설 방호둑 위에서 퍼런 눈빛의 짐승(호랑이)이 자기를 주시하고 있는 것을 보고는 그는 얼떨결에 겁에 질려 들고 있던 랜턴으로 길바닥만 비추며 도망치듯 돌아왔다는 것이다. 그의 말에 의하면 군에서 이곳 군용 레이더 시설을 이곳에 상주해 있는 자기에게 평소에 감시해 줄 것을 의뢰하여 그는 레이더 시설이 있는 곳을 수시 둘러봐야 하므로 이날 밤도 이 곳을 들리려다 혼쭐이 났었다는 것이다. 또 몇 년 전 레이더 설치공사를 할 때도 호랑이가 나타나 공사장 군장교가 권총을 겨눈 적이 있었는데 그 호랑이가 숲속으로 사라졌다는 것이다. 레이더가 있는 주변에는 눈 위에 커다란 호랑이 발자국이 가끔 한 줄로 찍혀 있는데, 앞의 두 발자국 위에 뒤쪽의 두발이 그 앞발 자국 위를 밟아 그 발자국은 틀림없는 호랑이 발자국이라는 것이다. 그는 그런 사실을 알만한 사람에게 말을 해도 인정해 주지 않자 그는 생각하던 끝에 이를 사진으로 증명하려고 무인 촬영자문을 받아 중청봉에서 끝청 쪽으로 야간 촬영장치(무인 카메라)를 설치하였었다고 한다. 그런 장치를 한 후, 두 달간

밤마다 카메라 앞을 통과하는 족제비, 다람쥐, 청설모 등 작은 동물만 찍혀 필름만 허비하며 기다리던 중 어느 날 누가 그 카메라마저 탈취해가 버려 그는 몇 십 만원 돈도 날리고, 그리고 증명도 못하여 결국 허튼소리만하고 다닌 꼴이 되었다는 것이다.

그의 얘기가 워낙 진지하여 나는 전적으로 믿을 수밖에 없었다.

이날 밤 설악산 정상의 대피소 따뜻한 온돌방에서 그와 단둘이 소주잔을 기울이며 한밤에 그의 산중 경험담은 점점 흥미를 더하여 계속 화제가 바뀌며 이어졌다. 또 공룡능선에서 조난자를 구조하며 고생하였던 일, 나무에 목을 매어 자살하려는 여자를 설득하여 내려 보낸 일, 자기가 산삼을 캐러 설악산 구석구석을 누비던 일, 서부능선에서 산양을 찾아 헤매던 일, 등등 밤샘 이야기가 끝이 없었다. 그는 15년 전에 설악산으로 들어와 산삼과 약초를 캐다가 이곳 대피소 관리를 하게 되었다고 하며, 설악산에 들어와 젊은 청춘을 다 보내고 산이 좋아 앞으로도 이 산에서 눌러 살 것이라는 것이다. 그는 이 너른 설악산 구석구석을 훤히 들여다보는 토박이 이곳 산꾼임에 틀림없고 실제로 설악산 정황을 너무도 잘 알고 있었다.

그의 얘기는 대충 그렇고, 내가 전해들은 설악산 호랑이 이야기도 있다.

70년대 후반 설악산 종합관광지 개발사업이 한창 진행하던 시절, 이곳 설악동 노루목 B단지 모 모텔신축공사장에서는 저녁에 바닥 콘크리트를 쳐놓았는데 그 콘크리트가 굳기 전에 밤사이 이곳에 호랑이(?)가 지나가면서 23개 발자국을 찍어 남겨놓고 갔다는 것이다. 발자국 길이는 11cm, 폭 9cm로 전문가들의 감정에 의하여 호랑이 것으로 추정되었다는 것이며, 이곳 모텔에서는 이 12개 발자국을 유리로 씌워 현재에도 보관하고 있다고 한다. 75년에는 대청봉 아래쪽 죽음의 계곡에서 산삼을 캐는 심마니가 호랑이를 만나 혼쫄나 도망친 일도 있었다고 한다.

한반도에는 현재 북한 땅에나 5~10마리정도 우리 토종 호랑이가 생존하고 있다고 하며 만약 비무장지대 철조망을 제거하고 이곳에 먹이사슬을 조성한다면 그 호랑이가 남하할 수도 있다고 한다.

최근에도 강원도 평화의 댐 부근에서 호랑이 발자국이 발견되었다는 등 심심잖게 호랑이 뉴스가 있으나 남한에는 현재 호랑이가 없다고 전문가들이 결론지었다고 한다. 그리고 일제강점기당시 1942년까지 17년간에 걸쳐 호랑이 97마리, 표범 62마리를 잡았다는 기록을 보면 우리나라에 호랑이가 많았던 것이 사실이다.

어떻든 지금 이 산에 호랑이가 있건 없건 간에 내가 새삼 신선한 기분을 느끼게 된 것은, 여태까지 세속에만 박혀 있다가 이번에 혼자서 하룻밤 이지만 망중한 산행을 즐기며, 밤시간에 생소한 산중 한담을 하다보니 언뜻 내가 새 세상 속으로 들어간 것 같은 느낌이 들기도 하였다. 이렇게 이야기가 계속되던 중 새벽에 잠시 졸았나 하였는데 나를 깨운다. 밖에 날이 밝아오니 카메라 들고 어서 나가 보라고 한다.

나는 눈을 부비며 신발 끈을 대충매고 뛰어 나갔다. 하늘은 구름 한점 없이 맑아졌고 찬바람만 부는데 먼 동해바다에서 햇살이 오르며 이곳 설악의 정상을 비추기 시작한다.

이제 새날이 밝아오는 것이다. 지금 이 너른 설악산에 나 혼자 정상에 서 있다는 것이 참으로 그렇게 만족스럽고 황홀할 수가 없다.

지난밤, 바로 직전까지에도 대피소 안에서 망중한 한담을 즐기며, 하룻밤을 보낸 꿈같은 시간이나, 지금 저 떠오르는 눈부신 태양도, 내안에 오래토록 머물러 주길 간절히 바라는 마음에 나는 한동안 이곳을 떠나지 못하고 서 있었다.

1985. 5. 25

●용아장성(龍牙長城)
설악산에서는 가장 험준한 기암괴석의 연봉인 능선이다.
워낙 험하여 용의 이빨(齒牙)과 같다하여 붙여진 이름이다.

공산에 머문 보름달

오늘은 금년 여름 중 가장 무더운 날이다. 더운 계절은 역시 더워야 계절의 변화를 더욱 실감하게 된다. 사람마다 다르긴 하나, 추운 겨울보다는 여름을 좋아하는 이도 있고, 하긴 아무리 덥다고 하여도 우리나라 경우는 정작 무더운 날은 며칠 되지도 않는다.

매년 7, 8월 여름이 되면 나는 가까이 지내는 산 친구들과 보름달이 뜨는 날, 일년에 한 두 차례는 거의 매년 북한산 별당(인수봉 뒤쪽의 암봉 속명)으로 모여 하룻밤을 보낸다.

우리들은 보통 우이동 종점에서 저녁에 만나 산으로 들면 별당에는 밤 8시쯤 도착한다. 그 때쯤이면 벌써 둥근 보름달은 인수봉 정상으로 오르고 있다. 이 때 동행하지 못한 친구는 한밤중에도 따로 이곳으로 찾아온다. 평소 한낮에만 산행을 하면서 산을 오르고 보고 느끼다가 이런 밤에 달빛이 가득 찬 무주공산에 들어서면 전연 새롭다. 낮산과 밤산 차이가 어느만큼 다른지, 그리고 달이 떠있는 산 중의 정경이 어느만큼 매혹적인지 이에 끌

●달이 떠있는 인수봉

보름달은 사람을 매혹하는 힘의 절정이라고 한다.
그래서인지 인수봉 달맞이 하는 밤은 달나라에 올라선 기분이기도 하다.

려 우리는 여름마다 이곳에 오지 않을 수 없게 된다.

둥근 보름달이 초저녁인데도 인수봉 끝자락(동쪽을 향하여)에서 솟기 시작하면 잠깐 사이 인수봉 정상으로 오르며 별당을 향하여 멈춰 서는 것 같다. 이 때부터 이곳 모임은 하이라이트가 시작되는 것이다. 우리들이 둘러앉아있는 별당 정면으로는 병풍처럼 펼쳐진 숨은벽 능선 중심으로 그 좌우로 뻗어내린 좌측으로는 인수능선과 우측으로 백운봉 원효능선, 이들 암능(岩陵)에 밝은 달빛이 반사되어, 암능은 바로 가까운 거리에서 보이는 아름다운 거대성벽 같기도 하다. 그리고 발치 아래로 낮고 평활한 원효계곡의 검푸른 숲에서는 짝을 찾는 애절한 소쩍새 울음소리가 고요한 산중에 울려 퍼지기도 한다.

밤하늘에 떠 있는 밝은 달은 무한 우주 공간에서 인간이 사는 지구의 한쪽에만 비취고 있다고 생각하며, 그 너른 공간에서 지금 우리가 차지하고 있는 북한산 별당은 얼마나 작고 작은 공간이겠는가. 인간은 이와 같은 대우주공간에서 자연의 섭리에 따라 살아가게 되어 있다. 달은 인간과 밀접한 관계를 갖고 있으면서 인간의 삶을 이끌어 주고 있다고 한다. 달은 옛부터 우리 인간을 매혹하는 마력(魔力)이 있다고 하며, 어둠과 질병이나 재해를 밀어낸다고도 한다.

특히 보름달은 매혹하는 힘이 절정이라고 하고, 또한 달·대지·여성 등의 음성원리에 의한 농경시대부터 내려오는 우리 민족의 오랜 관습으로 달을 보면서 농사도 짓고, 지금도 민속으로 달맞이를 계절별로 정해 놓고 즐기고 있다. 강강술래, 그네뛰기, 쥐불놀이, 탈춤놀이, 놋다리밟기……. 또 예부터 내려오는 달맞이 명소가 있어왔고, 달에 얽힌 옛날이야기와 그리고 달맞이 동시에 우리들이 즐겨 부르던 “푸른 하늘 은하수 하얀 쪽배엔…….(1924. 윤극형)” 등 어릴 때부터 달을 보며 아름다운 꿈이나 희망을 갖고 그런 정서 속에서 자라 왔었는데 지금은 그 아름다운 꿈도 사라진 것이 아닌가 생각될 때가 있다.

1969년 미국 닐 암스트롱이 달에 처음 착륙하여 달에는 물 한 방울 풀 한 포기 없고 황량한 벌판인 것을 보여 주었다. 착륙 이후 1972년 사이에 미국의 우주과학자, 종교인, 화가 등 12명이나 달에 여행을 하고 돌아온 것이다. 이후 달나라는 계수나무가 있는 아름다운 나라가 아니라는 꿈을 깨어버린 것이다. 그러나 어릴 때 가졌던 아름다운 동심의 꿈은 그렇게 쉽게는 지워지지 않을 것 같다. 너무도 가슴에 깊이 박혀있기 때문이다. 그리고 신기한 것은 처음 달나라에 착륙하였던 미국 비행사들이 불가사의한 달나라 착륙체험을 하고 귀환해서 그들이 신앙가가 되어 과학을 부정하는 듯한 언행을 하였었다는 흥미로운 일도 있었다고 한다.

이제 공산명월은 이곳 별당의 중천에서 기울어지기 시작한다. 이곳 별당 앞 쪽으로 보이는 인수봉, 백운봉, 숨은벽 정상의 거대 암봉들이 달빛에 반사되면서 조금은 움직이는 듯 보인다. 달이 기울어지니 암봉들도 함께 움직이는 듯하다.

달 그늘이 이동하여 그렇게 보이는지 좀 전부터 달아오르는 술기운 때문인지, 조용한 별당에는 소쩍새 울음소리만 간간이 들리고 달빛이 가득 차 있다. 이곳에서 마음에 있는 산 친구와 둘러앉아 술을 서로 권하기 시작한 지 좀 된 듯하다. 술은 마시는 장소나 때에 따라 분위기와 기분이 전연 달라진다.

지금 우리는 이 곳 산 중 분위기가 그런지라, 조용히 소담을 하다가 이제 시상(詩想)이 떠오르는지 어느 친구가 흔히 알고 있는 명시(名詩)를 읊기 시작한다. 함께 자리한 갑산 이정구(철도청) 형은 현직에서 문단에도 등단한 경력자이고 또 정정웅(철도청) 형은 본래 시작(詩作)에 뛰어난지라 즉흥 자작시를 낮은 소리로 슬슬 엮어 내린다. 그 시가 너무도 분위기에 잘 어울려 귀에 익은 유명한 시처럼 모두 숙연해지며 귀를 열어 집중하여 듣는다. 그러다가는 흔히 부르는 가요나 가곡도 조용한 목청으로 합창을 하기도 하고, 이렇게 시와 노래와 얘깃거리를 반복하며 이 밤을 보내는데 모두가 즐겁고 재미있게 잘도 어우러진다. 그래서 이런 산 친구끼리 한밤에도 산중에서 모이는 것 아닌가.

이렇게 좋은 밤도 날이 새면 끝장이므로 우리는 기우는 달을 잡아서라도 좀 더 산중 신선이 된 기분을 지속하려는데 가는 시간이 안타까울 뿐이다.

일년이면 겨우 하루나 이틀뿐인 이런 날, 심산유곡에 '달과 술', 그리고 이번 모임에 정정웅 형의 멋진 즉흥 자작시에 귀를 기울여 경청하다 취기가 쫓기는 정도였으니, 역시 '시와 술'은 불과분의 연관이 있는 것 같다. 그럴 것이 우리나라 유명시인의 주벽(酒癖)을 보면 신경림 시인의 〈시인을 찾아서〉에도 잘 나와 있다. 인간 생활에 술이 있어 참으로 다행이라 한다. 만약 술이 없었더라면 인간의 정서가 어떠하였을까 새삼 느껴진다. 술이 예술적 감성을 자극하는데 꼭 필요한 것인지 잘 모르긴 하나 거의 동양권의 고금(古今) 시인들이 술을 즐겼던 것은 사실이라고 생각된다. 조선 중기 애주가이고 호방한 성격의 정철(鄭澈)은 〈장진주사(將進酒辭)〉에서 아래와 같이 '술과 인생'을 잘 엮어 표현한 것 같다.

한 잔 먹세 그려 또 한 잔 먹세 그려
꽃 꺾어 산 놓고 무진무진 먹세 그려
이 몸. 죽은 후면
지게 위에 거적 덮어 줄 이어 매여 가나
유소보장에 만인이 울어예나
어욱새 속새 떡갈나무 백양 숲에 가기 곧 가면
누른 해 흰 달 가는 비 굵은 눈 소소리 바람 불제

●달맞이도 끝나고
하얀 달밤이 밀려가고
새벽이 찾아왔다.
간밤에 보름달은
어디로 갔나.

뉘 한 잔 먹자 할꼬
하물며 무덤 위에 잿납이 휘파람 불제야
뉘우침인들 어이리

「사설시조 형식의 권주가(勸酒歌)」
<정철(鄭澈): 조선중기 문신(1536~1593)>

죽기 전에 술이나 많이 마셔 허무한 인생을 잊어보자는 호방한 애주가의 애수(哀愁)어린 감상인 것 같이 느껴진다.

그리고 '달과 술'을 말하자면 당나라 유명시인 이백(자는 태백, 701~762)을 빼 놓을 수 없다. 이백은 1400여 년 이전에도 현재보다 더한 낭만을 즐기며 명시를 남겨 놓았다. 성격이 워낙 자유분방하여 권세를 좋아하지 않고 중국 전역을 유랑하면서 시를 썼다. 이백의 작품세계는 그 당시 범인이 흉내를 낼 수 없는 호탕한 기개(氣概)와 낭만이 넘쳐 그를 시선(詩仙) 또는 적선(謫仙. 땅에 귀양 온 신선)이라 칭하고 가무와 시를 즐겼으며, 주중팔선(酒中八仙)이라 부르기도 하였다 한다. 앞에서 정철(鄭澈)의 〈장진주사〉도 이백의 소재와 시상에 영향을 받았다고 한다. 이백의 한시를 보자.

꽃밭에 앉아 한 병 술을	花間一壺酒
나 혼자서 기울인다.	獨酌無相親
술잔 들어 달님 청하니	擧杯邀明月
그림자 더불어 셋이로다	對影成三人
달님은 술 마실 줄 모른다 하고	月旣不解飮
그림자는 나만 따라다닌다.	影徒隨我身
잠시 달과 그림자 함께	暫伴月將影
모처럼 이 밤을 즐겨보리라.	行樂須及春
노래하면 달은 나를 맴돌고	我歌月徘徊
춤을 추면 그림자 너울거린다.	我舞影零亂
맨 정신엔 함께 어울리다가	醒時同交歡
취하니 각각 따로 놀더라.	醉後各分散
무언의 이 우정 길이 맺어서	永結無情遊
저 은하수에서 다시 만나볼까.	相期邈雲漢

「월하독작(月下獨酌): 달빛 아래 홀로 술 마시며」

<이백(李白):중국시인(701~762). 자는 太白>

●저녁노을 인수봉과 숨은벽
산의 분위기는 하루에도 몇 차례 바뀐다. 그렇게 수시로 달라지는 산사진 소재를 찾다가, 다행히 이와 같은 노을 조짐이라도 만나 한 장의 사진을 얻게 되면 그날은 행운을 잡은 운수대통한 날이다.

〈엮은이 주해〉

달과 그림자, 너희 들은 아무 것도 얽매이지 않고 자유롭구나.
나도 오늘 밤은 너희들처럼 마냥 자유롭고 싶다.
너희들이 노래하면 나도 노래하고, 너희들이 춤을 추면 나도 춤을 춘다.
나를 옭아매고 있는 모든 억압을 하나하나 풀어보자.
술 마시는데도 법도가 무슨 필요있더냐.
먹어서 취하고 취하여 즐거우면 그만이지.

<채심언. 「봄날 친구를 그리며」에서>

여름밤은 너무나 짧다. 하얀 밤이 동이 트면서 잠깐 사이 사라지는 것 같다. 어제 저녁에 앉았던 바닥(암반)은 따뜻하였었는데 지금은 차다. 낮에 햇볕에 달구어진 바위가 식었으니 시간도 꽤 지난 듯 하다. 보통 이 곳에서는 새벽 4시쯤 되면 날이 바로 새기 시작한다. 밤새 울던 소쩍새 소리도 사라졌고 인수능선 너머로 점차 밝아오며 연한 안개가 저만큼 효자리 계곡 바닥에서 올라온다. 몇 시간 전 이곳 북한산 유곡이 달빛으로 가득 채워졌던 정경도 이제 기억 속에만 남아 있을 뿐 몇 시간 후면 다시 뜨거운 여름 태양이 이곳 암봉을 내리쬐 더운 열기에 달아오를 것이라 생각하니 불과 얼마 전 시원했던 달밤이 더 생각난다.

어저께 별당의 달밤은 유독 정정웅 형의 자작 즉흥시가 돋보였었다. 나는 하산하면서 그에게 따로 '별당의 달밤' 시선(詩選)을 부탁하여 적어 놓았다가 내년에 이곳에서 다시 모여 발표하였으면 한다. 기성작가도 아닌 우리 친구의 아마추어 시가 오히려 기성작가보다 더 순수하여 좋았다고 느꼈기 때문이다.

이제 날이 완전히 밝아졌다. 우리는 주변을 돌아보고 노고산 쪽 사기막골로 해를 등지고 하산하는데 자꾸 어저께 달밤에 있었던 일들이 떠오른다. 그리고 우리는 또 내년에 있을 7, 8월 달맞이를 기대하며 이번 별당 달맞이 행사를 이렇게 마치게 되었다.

1997. 7. 19

연주암 느티나무 고목은 옛날이나 그대로인데

어머님 추모일 관악산에서

오래 전 내가 고등학교 다니던 시절(1950년대), 서울문안에서 관악산을 가려면 상도동(봉천동)을 거쳐 신림동 입구(현재 서울대 입구)에서 걸어서 오르거나, 흑석동(중대 입구 부근)에서 시외버스를 타고 남태령 고개를 넘어 하차하여 현재의 과천 성당 부근으로 걸어 들어가 향교 앞에서 오르곤 하였다. 신림동 쪽은 교통이 불편하고 시간이 많이 걸려 보통은 과천 쪽에서 오르내리는 것이 훨씬 쉬웠다.

지금도 관악산 연주암에는 아름드리 고목 느티나무 두 그루가 의젓하게 텃세를 부리듯 서 있으면서 여름에는 하늘을 덮어 넓고 시원한 그늘을 만들어 주고 봄에는 고목 산가지의 조록색 잎들이 다른 나무와 어울려 마치 동양화 그림처럼 곱게 단장을 하여 평온한 절간 분위기가 더욱 우아하게 돋보인다.

내가 고등학교 다니며 상도동 장승배기에서 친구와 자취를 하고 있었을 그때 우리 어머님은 아직도 어린 애(나)를 관비지급학교라고 멀리 떠나보내고 그때 객지(서울)에서 고생하며 공부를 한다는 나를 끔찍이도 염려하였었는데 내가 성장하기도 전(1957)에 돌아가셨다. 더 좀 사셨으면 내가 자식된 도리를 얼마만큼이라도 하였을 텐데 고생만 하시다 일찍 돌아가셔 마음에 맺힌 것이 커 늘 그때를 돌이키지 않을 수 없다.

그때 어머님은 우리 집 집안 형편이 어려워 숱한 고생을 마다하시고 강인한 생활력으로 우리 가족을 거의 이끌어 가셨다. 나를 그나마 관비학교라도 갈 수 있도록 내 뒷바라지를 하여 주셔서 현재 나를 이 자리에 있게 하셨다.

본래 인간이 사랑을 체험하며 사랑하고 살아가는 것은 '어머니의 희생적 사랑'이 있었기 때문이라고 한다. 그 사랑은 또 다른 사람에게 베풀어지는 것이라고 하니 모든 이의 어머니 사랑이 얼마나 고귀하고 큰 사랑인가. 어머니는 못난 자식을 더욱 사랑한다고 한다.

이 못난 자식은 어머님에게 효(孝) 한번을 못 하였으니 생각하면 한이 맺힐만 하다.

그때도 가끔 이 곳 관악산 연주암에 오게 되면 너른 절터에 서 있는 아름드리 느티나무 그늘에서 친구와 도시락을 먹으며 시시덕거리며 거의 하루 종일 놀았고, 이곳 연주암 젊은 스님들은 절 마당에서 탁구를 하거나 그 때 무슨 양곡(洋曲)도 부르는 것을 보고(듣고)는 그 때에는 양곡을 부르는 스님이 별나게 보여 '저런 중(스님)이 있나?' 대단히 의아하게 보였던 기억과 함께 요즈음에도 봄날 이곳에만 오면 이곳의 그때 느티나무를 보며, 생전의 어머님 모습이 더욱 떠올라 마음이 차분해진다.

지금 새로 지은 이곳 암자는 그때와 달리 절터를 높게 돋아 느티나무 밑둥치가 묻혀 버려 암자(절)마루에 걸터앉아 있게 되면 그때에 높이 보이던 느티나무가 지금은 중간쯤에 뻗은 가지도 가까이에서 만져볼 수 있게 되었다. 이 고목 느티나무를 자세히 살펴보면 옆으로 뻗은 큰 가지 마디와 굵기들이 동양화 그림처럼 보기 좋게 균형을 잘 이루고 있고, 옆으로 뻗은 그 풍채나 둥치가 오랫동안 만고풍상(萬古風霜)을 겪어 오면서 우리들이 여직 살아 온 과거까지도 모두 헤아리고 있는 듯 전해준다.

이 곳 관악산 연주암에 올 때면 나는 언제나 이 고목 아래서 남쪽으로 먼 산을 바라보며 이제는 점점 희미해져 가는 어머니를 그리며 마음속으로 외쳐 보기도 한다.

"너는(연주암 느티나무) 아직 옛날이나 그대로인데 나는 이제 점점 초췌하게 남아 무상한 세월을 탓해야 되는구나…."

내 나이도 이제 오십 대열에 들어서 벌써 내 주위에 있던 많은 어른들이 하나 둘씩 타계하는 현실을 보면서 사람이 사는 것이 어떤 것인지 조금은 알듯도 하다. 그러나 저 세상에서 다시 만나게 될 것이라는 마지막 희망으로 자위하며, 또 우리의 후손들이 그 후대를 이어줄 것이라는 믿음을 갖고 섭한 마음을 달래며 주어진 오늘을 열심히 살아가려 노력한다. 그래도 가끔 내 형제들을 볼 때나 계절이 바뀌는 늦봄, 어머님이 돌아가시던 날 아카시아 꽃이 피는 계절만 되면 나는 더더욱 그 때 고생하시던 어머님이 그리워지는데 어쩔 수 없는 것 같다. 그러면서 한편 돌아가신 어머님을 생각해서라도 사랑하는 내 가족이나 형제들과 친인척에까지 더 의롭고 화목하게 살아갈 수 있도록 나는 또 다짐해 보는 것이다.

어머님 돌아가신 날이 떠올라

나의 일기장 초고

내가 고등학교를 졸업하던 그 이듬해 지금으로부터 꼭 30년 전에 어머님은 한 많은 인생 53세 나이(1957. 5. 17)에 타계하셨다. 지금 살아 계시면 83세인데 내 주변에는 그 나이 노인들이 대단히 많다.

그 때 우리 가족은 모두 먹고살기가 꽤나 힘들었다는 것을 30년이 지난 지금도 생생하게 기억한다. 만약 그때 우리 집 형편이 웬만하였다면 내가 어머님을 절대 돌아가시게 하지 않았을 것이다. 그 때는 너무도 가난하였었던 것 같다. 어머님이 돌아가실 때도 한참 자라는 우리 형제들(3남 2녀)이 걱정스러워 어머님은 편히 눈을 감지 못하는 모습을 보면서 나는 돌아가시면 안 된다고 감으시려는 눈을 뜨시라고 울부짖으며 애원도 하였었다.

돌아가시던 5월달 그 날, 찢어진 창으로 새벽 햇살이 쪽방을 환하게 비추고, 그 산동네에 만개한 아카시아 꽃향이 온 동네에 한창 퍼지는 새벽 시간에 어머님은 내 왼팔에 안겨진 채 숨을 거두고 만 것이다. 나는 그 때 세상이 뒤집힌 듯한 아픔을 참지 못하고 한없이 흐느끼면서 내가 살아 있는 것이 저주스럽게만 여겨질 정도로 고통스러웠다.

그러던 내가 벌써 어머님 돌아가실 때의 그 나이가 되어 세 자녀가 있는 가장이 되었고 아버님과 형님마저도 돌아가신 것이다.

세월은 지금처럼 많은 서러운 사연이나 변화된 모습을 남기면서 자꾸 흘러간다. 나도 이렇게 인생을 이해할 나이가 되어서야 비로소 흐르는 세월에 묻혀가는 자연의 섭리를 이해할만하게 되었다.

1987. 5. 17
어머님 30주기 추모 날에

●**연주암 고목**
만고풍상을 지켜보았을 느티나무 고목. 그 둘레에는 그전에 없었던 높은 돌축대를 쌓아올렸다.

<참고자료>

관악산 연주암(戀主菴)약사

관악산(632m), 연주봉(629m) 절벽 위에 연주대가 자리하고 있고, 그 곳에서 남쪽으로 약 300미터 떨어진 지점에 연주암이 있다

이 절은 오랜 세월을 거치면서 여러 차례 중수를 하였는데, 1868년(고종 5년) 중수작업 때에는 명성왕후의 하사금으로 극락전과 용화전을 신축하였으며, 1918년에는 경산(慶山)의 주도 아래 중수작업이 이루어졌고, 1928년에는 재운(在芸)에 의해 1936년에는 교훈(敎訓)에 의해 새로 건물을 세우거나 수리하여 오늘에 이르게 되었다. 현존하는 당우로는 본당인 대웅전과 그 뒤편에 금륜보전(金輪寶殿: 삼성각)이 있고 연주대에 응진전(應眞殿)이 있다

금륜보전은 현재의 건물중 제일 오래된 건물로서 1929년에 신축한 것이고 대웅전 및 기타건물은 1970년대 이후에 지은 것이다. 천수천안 관세움보살을 모신 천수관음전과 효령대군 영정을 모신 효령각은 1996년에 지어진 건물이다.

대웅전 앞에 있는 높이 3.2m의 고려시대 양식의 삼층석탑은 효령대군이 세운 것으로 알려져 있다. 이 탑은 전체적으로 균형 감각이 뛰어나며 단아한 느낌을 주고 있다. 16나한의 모습을 비단에 그린 탱화가 응진전에 보관되어 있고, 약사여래 석상이 응진전 옆의 암벽에 마련된 감실에 봉안되어 있는데 고려시대의 것으로 추정되는 이 석상은 기복신앙의 대상이 되고 있다.

(naver 백과사전 참조)

발길이 닿는 대로 떠나던 길

직장에 있는 사람이 여행을 하기란 그리 쉬운 일이 아니다. 그래서 나는 매년 연말이나 10월 초 연휴(국군의 날, 개천절)가 있는 때를 기다려 큰 맘 먹고 길을 떠난다. 한 때 (70년대)는 가까운 친구들과 어울려 그런 연휴 때마다 여행을 다녔었는데 친구들 부인들이 좋아하지 않아 이제는 홀가분하게 배낭을 메고 혼자서 자유여행을 즐긴다. 산이나 바다 어느 곳이던 가고 싶은 곳을 순차별로 일정을 대략 짜서 출발하게 된다.

프랑스 소설가 알베르 까뮈는 '여행이 가치 있는 것은 두려움을 주기 때문이다'라고 하였다. 이번 여정이 혼자서 호젓하게 떠나는 기회이므로 비록 사진 정보가 부족한 지역이더라도 가능하면 전연 생소한 오지에 들어가 그 속에서 새로운 견문을 찾아보려 한다.

그리고 전 일정이 짧긴 하나 그런대로 큰 차질이 없도록 기본 스케줄에 따라 이번에는 경북 응봉산 노천 온천과 최종 목적지 울릉도 쪽을 향해서 서울을 탈출하게 되었다.

먼저 경북 덕구 노천 온천을 찾아서

1983. 9. 29. 맑음.

(장소 도착시간)
서울출발 07:00 — 삼척 11:45 — 임원 12:30 — 부구 15:30 — 덕구(여인숙) 16:20 — 노천탕 18:00 — 덕구(되돌아 옴) 19:00

서울에서 아침 7시에 출발하여 경북 울진 덕구 광산촌 도착은 오후 4시쯤이었는데 해는 벌써 서산에 져 버렸다.

나는 여인숙에 들려 배낭을 내려놓자마자 카메라, 헤드랜턴, 건빵, 물통만을 작은 배낭에 챙겨 넣고 도면을 확인하면서 부지런히 응봉산(鷹峰山) 계곡의 길을 따라 노천탕을 찾아갔다. 서쪽 계곡으로 들어서(16:30) 이곳에서 노천탕까지는 약 4km, 한 시간 반쯤 올라갔을 때 우리나라 유일의 노천탕이 나왔다.

올라가는 길은 그리 가파르지도 않고, 늦은 시간이므로 인적이 없는 조용한 산 중에 송림이 우거져 있다. 등산로 변에 설치된 철책을 따라가다 높고 낮은 폭포들이 4~5개 보이고 계곡의 바닥에 움푹 파인 큼직한 소(沼)에는 맑은 물이 가득 담겨져 흐른다. 해 그늘에 어두워지는 숲 속에서는 둥지를 찾는 새들이 인기척에 놀라 갑자기 날기도 한다. 오랜만에 한적한 산길을 혼자 걸으며 도심에서 한동안 잊었던 향수 같은 것들이 다시 나를 일깨워 주는 듯하다. 이런 산중에서 호젓하게 사색을 해 본다는 것이 참으로 여유로운 행복감 같은 느낌이었다.

천연 노천온천이 우리나라에는 없을 것이라고 생각했는데 이번에 이와 같이 깊은 산 속 바위틈에서 뜨거운 물이 철철 솟아 계곡으로 흐르는 찬물과 합류하는 것을 보고 정말 신기하고 놀라지 않을 수 없었다.

이 곳 계곡의 노천탕은 콘크리트 욕조 비슷하게 20여 평 넓이에 무릎 정도의 깊이로 엉성하게 만들어져 있었는데 이용자가 없어서인지 하필이면 이 때 물을 빼내 말라 있었고, 그 옆에 초라한 움막이 있는데(공중변소 보다 큼) 이 곳에는 뜨거운 물이 넘쳐흐르는 조그만 콘크리트 욕조가 있다. 나는 옷을 모두 벗고 뜨거운 욕조에 몸을 담가 뼛속까지 뜨거워져 오는 듯 시원해짐을 느끼면서 세상에 이렇게 좋은 자연의 혜택이 있나 싶었다. 에너지 활용을 생각해서라도 이런 뜨거운 천연온천 물을 활용 못하고 계곡에 흘려버려지는 것이 너무도 아쉽게 생각되었다. 기분 같아서는 사우나탕에서처럼 몇 번이고 들락날락 하고 싶었지만 날이 점점 깜깜해지고 계곡의 흐르는 물소리만 더욱 커져 가며 적막감이 들어 아쉽지만 옷을 챙겨 입었다. 나를 듯한 상쾌한 기분이 되어 헤드랜턴을 켜 어두워진 주위를 살펴보았는데 이 곳에는 온천수를 덕구까지 끌어내려는 파이프 시설물 자재와 매점 터 같은 자리에 무질서하게 포개 놓은 좌판이 여기 저기 버려진 오물들과 함께 쌓여 있어 너무 지저분하여 보기에도 좋지 않았다. 랜턴에 비쳐지는 등산로를 더듬으며 나는 저절로 나오는 노래를 흥얼거리면서 올라올 때보다는 낯이 익은 길을 내려오고 있는데 주위가 너무 어두워 송림 속의 오솔길에서는 등골이 서늘해지기도 하였었다.

길옆에 폭포에서 떨어지는 물소리가 한동안 요란해져 오다가 점점 멀어져 간다. 평탄한 잡목 숲으로 들어서면서 너무 빨리 서둘렀나 싶어 걸음을 약간 늦추기도 하면서 어둠 속에 혼자 걷는 내 자신도 들여다보고, 이제서 한적한 여유를 가져 숨통 트이듯 기분이 대단히 상쾌해진다.

한편으로 적적함도 느껴져, 발길을 좀 늦추면서 '나는 외로운 갈대'라고, 한때 사춘기 시절 고독에 대하여 몰두하던 생각도 하면서 여인숙에는 저녁 7시쯤 도착하였다.

방에 들어가 라면 한 개를 끓여 간단히 요기를 하고 자리에 누워서 이제 내일 여정으로는 울릉도에 가려는데 첫차로 설악산을 거쳐 갈 것인지, 아니면 가까운 성류굴을 거칠 것인지 행선지를 정리하며 잠을 청해 보나 첫날이 되어서인지 잠이 쉽게 오지 않는다. 지금쯤 서울 식구들은 저녁을 먹고 TV 앞에 모여 있겠지….

경북 울진군 남면 성류굴에서

1983. 9. 30. 맑음.

(장소 도착시간)
덕구발 07:00 — 임원 08:00 — 구산 10:00 — 성류굴 10:20 — 임원 12:50 — 울릉 18:10

덕구에서 나는 성류굴에 가기로 하여 대략 시간을 체크하고, 아침 6시 50분에 출발하였다. 역시 혼자이므로 발길이 닿는 대로, 기분 내키는 대로 자유스럽게 가고 올 수 있다는 것이 참으로 좋은 것 같다. 나는 버스를 타고 가다가 구산에서 내려(09:40) 약 800여m 들길로 걸어 들어가 다시 철책 난간을 따라 갔다. 이곳에서 보이는 선유산 바로 거대한 암봉(岩峰)이 우뚝 서 있는 절벽 밑, 그 입구에서 고개를 숙이고 들어가는 곳이 성류굴(10:00) 이다. 이곳 성류굴은 제주도의 만장굴에 비하면 규모가 작으나 아기자기하게 생긴 모양이 섬세하고 다른 동굴에서와 마찬가지로 천장에서 흘러내린 석회석 석순이 서양식 궁전 조각품과 같이 생겼다.

이날 어느 지방에서 왔는지 좁은 통로에는 여자 안내원이 앞장선 시골 노인관광단이 가득 들어 차 비좁고, 여러 사람 얘기 소리들이 크게 울려 소란하고 조명시설도 좋지 않아 기대에 어긋났다. 또 여기 저기 석순이 떨어져 나간 흔적이나 손이 닿을 만한 곳이면 모두 손때가 묻어 거무칙칙하여 보기가 흉하게 되어 버렸다.

나는 오후에는 울릉도로 가야하므로 시간 여유가 없어 더 머뭇거리기도 만만치 않아 안타깝지만 서둘러 대충 둘러보며 나오는 수밖에 별 도리가 없었다.

그렇게 성류굴에서 바로 나와, 곧바로 버스를 타고 임원으로 갔다. 그리고 그곳에서 여유시간도 없이 다시 울릉도행 배를 타게 되어 울릉도에는 저녁 해질 무렵(18:10)에 도착하였다.

<참고자료>

울진의 성류굴(蔚珍 聖留窟) 개요

경북 울진군 근남면 구산리에 있는 이 동굴은 1963년 5월 7일 천연기념물 제155호로 지정되었다. 주굴 길이 약 470m, 전체 길이 약 800m이다. 입구는 선유산 절벽 밑, 왕피천가에 있는 좁은 바위 사이 굴이다.

한국에서 가장 유서 깊은 동굴의 하나로 고려 말의 학자 이곡이 성류굴에 대하여 언급한 <관동유기>는 한국 최초의 동굴 탐사기가 되는 것이다.

동굴은 대체로 남서쪽에서 북동쪽을 향해 전개되고 크고 작은 9개의 동방(洞房)과 5개의 호소(湖沼)로 이루어져 있으며 곳곳에 가양가색의 종유석, 석순, 석주 등이 빽빽이 늘어서 있다.

이곳에는 최대 깊이가 8m에 이르는 '마(魔)의 심연(深淵)'이라는 큰 동굴호가 있는데 주위 벽면에 발달한 큰 규모의 종유석들이 수면에 잠기는 절경을 보인다.

이 동굴의 바닥에는 많은 박쥐 똥의 퇴적물이 있다고 하며 동굴안의 온도는 연중 15~17℃이다.

울릉도 성인봉(984m)을 종주하여 밤중에 천부항으로

1983. 10. 1. 맑음

(장소 도착시간)
섬일주 09:00~10:00 — 유성호 태화동관광 11:00~13:00 — 도동 14:00 — 성인봉 15:00~17:10 — 나리분지 18:20 — 천부항 19:00

어저께 저녁(18:10)에 울릉도 저동에 도착하여 우선 도동으로 가서 동해바다가 보이는 민박을 정하여 그 집 주인집 중3 학생과 함께 하룻밤을 자게 되었다.

울릉도는 면적이 73㎢, 제주도의 4%에 불과하지만 성인봉은 수면에서 해저로 2,000m, 수상해발 1,000여m(984)의 높은 산으로써 울릉도 자체가 해저로부터 3,000m의 큰 산이나 다름없다. 이 곳에 사철 흐르는 맑은 계곡과 폭포, 원시림 등 동해의 가득한 신비함이 나를 오래 전부터 울릉도에 끌어들이려 하였던 것이다.

성인봉까지는 도동에서 약 4km, 산에 오르는 등산로는 40~50도의 급한 경사길이며, 등산로는 뚜렷하여 길을 잃을 염려는 없다. 오르다 보면 서서 있기도 거북한 급한 경사의 산비탈을 농토로 개간하여 농사짓는 것을 볼 때 뭍에서는 거의 버려진 너른 야산도 옥답이 될 수 있을 것이라고 생각되었다.

이곳 도착 둘째 날 오전에 섬 일주 관광을 마치고 이제부터는 본격 답사에 들어서게 되었다. 산행은 오후 3시 출발하여 30여분쯤 올랐을 때 벌써 숨이 차기 시작하고 좀 높이 올라온 듯 도동이 발치 아래로 낮게 보인다. 동해 쪽으로 넓게 트인 파란 바다가 가쁜 숨결과 흐르는 땀방울을 시원한 바람과 함께 식혀 준다. 이렇게 오르다 보면 송림을 벗어나면서 무성한 섬

●울릉도 천부동
지난밤에 도동에서 성인봉 정상을 넘어 알봉분지, 나리분지를 거쳐 천부동에 도착하였다. 이곳 새벽 선착장은 한적하고 멀리 송곳산이 보일 뿐이다.

단풍이나 섬피나무들이 하늘을 가리기 시작하며 곧바로 관모봉(562m), 능선 길로 들어서게 된다. 이 때부터 키 작은 대숲과 전나무가 나타나면서 빽빽하게 들어 찬 원시림 사이에는 등산로가 널찍하게 트여 있다.

이 곳 등산로는 암벽이나 침봉같은 위험한 데는 없고 급한 경사길만 오르면 된다.

나는 도동에서 늦게 출발(15:00)하면서 어차피 야간산행을 계획하였으므로 여유롭게 마음을 갖게 되었다. 그 이유는 첫째로 성인봉 코스는 단순하고 짧으며, 둘째로 울릉도의 삼무(도둑, 거지, 뱀)가 단독의 초행길이지만 더욱 안심할 수 있게 된 것이다.

오르면서 이것저것 눈 익혀 보고 메모도 하고 사진 찍고 부지런히 걸어 꼭 두 시간만(17:00)에 성인봉 정상(984m)에 도착하였을 때는 해 그늘에 들기 시작하면서 동쪽 능선으로부터는 짙은 구름이 몰려오기 시작하고 세찬 바람이 뺨을 스쳐 갔다. 정상에서는 사방이 트여 있으나 섬 바닥에 깔린 흐린 안개 때문에 보이는 것이라고는 가까이 있는 울창한 수해(樹海)

뿐이다.

울릉도는 연중 맑은 날이 50여 일 뿐이라고 하니 이만한 날씨도 다행이라고 해야 할까.

나는 정상의 바위에 걸터앉아 물 한 모금을 마시면서 컴퍼스로 이제 찾아갈 북쪽 방향으로 천부항 쪽을 확인하고는 내리막길이므로 뛰어가듯 빠른 걸음으로 서둘러 내려갔다. 만약 넘어져 구르기라도 하여 다쳐서는 안되겠다고 조심하면서 올라왔던 길보다 더 급한 경사를 한 시간쯤(18:00) 내려 달렸을까 이 지점에는 하늘을 가렸던 숲이 다시 트이고 길은 조금씩 평탄해져 갔다.

이 곳이 알봉 근처라고 생각하면서 길옆에 졸졸 흐르는 계곡의 물소리가 반가이 맞는 듯 발길을 멈추게 한다. 나는 배낭을 맨 채로 엎드려 목을 쭉 뽑고는 송아지처럼 입을 개울물에 대고 빨아 마셨다. 식도가 시려 올 정도로 시원해져 오고 물맛이 달기까지하다.

어둠이 깔리기 시작하지만 나는 이제부터 급하게 서두르지 않아도 처음 찾아가는 천부동이지만 가는 데는 자신이 있어져 가벼운 걸음으로 차분하게 가게 되었다. 마치 멀리 있는 신천지에라도 찾아 나선 수도자처럼…….

이렇게 알봉분지에서 나리분지(250m)에 들어서는 데는 완전히 평지이고 잡목이 가득하며, 이 곳을 통과하는데 추수가 끝난 넓은 옥수수 밭이 나오고 약초를 재배한다는 투막집이 어두워지고 있는데도 뚜렷이 보인다. 투막집을 조금 지나가 몇 채 안 되는 인가(人家)에서는 등불 빛이 반짝이며 멀리서 오는 객을 반기는 듯 느껴져 마음이 편안해진다. 오랜만에 사람이 사는 집을 보는 기분이다.

오늘의 목적지인 천부동에도 거의 가까워졌다고 생각하면서 조금은 긴장감이 풀리고 즐거워져 흥까지 나고 목청에서는 노래도 저절로 나온다. 오래전 중학교시절 친구와 동내 개울둑에서 늘 부르던 현제명의 '고향생각'을 몇 번이고 반복하여 부르며 천부동에는 저녁 늦게 도착하였다.

해는 져서 어두운데 찾아오는 사람 없어
밝은 달만 쳐다보니 외롭기 한이 없다…….

성인봉에서 꼭 두 시간 걸려 천부동에 도착(19:00)하였을 때는 이미 어두워져 깜깜하고 찬 바다 바람은 옷깃에 스미며 파도 소리가 들려온다. 여관(여인숙)을 찾아가 배낭을 방에 내려놓고 나니 이제 허기가 느껴진다. 가까이에 있는 허름한 식당을 찾아 간단한 요기로 배를 채우고 바로 여관으로 되돌아 왔다. 여관이라고 하나 객은 나 하나뿐이고 조용하다.

방바닥도 냉기가 돌고 차지만 그래도 바닥에 길게 발을 뻗고 누워보니 이 세상을 모두 얻은 기분이고, 오늘 걸어 온 산행이나 또 오전에 배를 타고 섬 일주할 때 보아 온 것들이 다시 눈에 어른거리며 피로도 풀리는 것 같고 이대로는 잠이 오지 않을 것 같다. 편안하게 누운 채 한 동안 천장을 바라보다 멀리서 들리는 뱃고동 소리와 파도소리만 귓전에서 점점 가까워졌다 멀어졌다 가물가물 해진다. 청마의 〈울릉도〉 시는 어떤가, 생각이 난다.

동쪽 먼 심해선 밖의
한 점 선 울릉도로 갈거나

금수로 굽이쳐 내리던
장백의 멧부리 방울 튀어
애달픈 국토의 막내
너의 호젓한 모습이 되었으리니.

창망한 물 구비에
금시에 지워질 듯 근심스리
떠 있기에

동해 쪽빛 바람에
항시 사념의 머리 곱게 씻기 우고

지나 새나 뭍으로 뭍으로만
향하는 그리운 마음에
쉴 새 없이 출렁이는 풍랑 따라
밀리어 밀리어 오는 듯도 하건만

멀리 조국의 사의
어지러운 소식이 들려 올적마다
어린 마음의 미칠 수 없음이
아아 이렇게도 간절함이여

동쪽 먼 심해선 밖의
한 점 섬 울릉도로 갈거나

<청마 유치환의 「울릉도」 전문>

청마 유치환 (1908-1967)은 자연 속에 관찰력이 뛰어나고 생명에 대한 애착이 강한 생명파 시인으로 시작품(時作品)이 무려 1,000여 편이나 되며, 경남 통영에서 자라 그 지역 후진을 위하여 교편생활을 하였는데, 통영

여고 교가작시를 유치환, 작곡은 유명한 작곡가 윤이상 씨가 하였다.

천부항에서 나리령을 넘으며

1983. 10. 2. 맑음

(장소 도착시간)
여인숙 출발 08:30 — 추산발전소 09:45 — 송곳산발전소 10:50 — 나리분지 11:05 — 나리동 11:35 — 나리령(H700m) 13:25 — 저동 14:30 — 통구미 15:10 — 저동 19:00 — 도동 21:00

새벽부터 몇 척의 배가 천부항 선착장에 닿더니 물오징어 시장이 형성되고 이어서 입찰이 끝난 오징어를 여러 아낙네들이 부지런히 씻어 상자에 넣어 옮긴다.

바쁘게 움직이는 새벽의 선창가를 한바퀴 돌아 바닷가 산책을 마치고 숙소에 들어와서는 라면을 끓여 아침요기를 하고 서쪽의 해변도로를 따라 추산수력발전소 쪽으로 출발(08:30)하였다.

오늘은 도로를 따라 발전소에서 어저께 지났던 나리분지를 통과하여 나리령을 넘어 저동으로 종주할 계획이다.

내가 갔을 때 울릉도에서는 관광개발이라는 명분으로 중간이 끊긴 외곽도로 건설이 한창 진행 중이었다. 이와 같은 도로나 부두의 해안 공작물들은 친환경적으로 신중을 기하여 건설하여야 하나 당시의 상황을 보면, 앞으로 심한 자연훼손으로 울릉도의 아름다운 제 모습을 점점 잃지 않을 것

●섬에 있는 코끼리바위
코끼리 콧등과 같이 생긴 바위구멍을 이용하여 건설된 외곽 도로에, 행인이 지나가고 있다.

●바다에 떠 있는 코끼리바위

인지 안타깝게 생각되었다.

이곳의 도로 폭은 두 대의 자동차가 겨우 지날 수 있는 정도이며 아직은 오토바이만 요란하게 가끔 달리고 있을 뿐이었다.

멀리 보이는 송곳산 상봉에는 아침햇살이 송곳처럼 뾰족한 부분을 비추고 있고, 오른쪽 바다에는 공암(孔岩)이 조그맣게 떠 있다.

나는 카메라 두 대를 어깨와 목에 메고 등에는 큼직한 배낭을 짊어진 채 서쪽 방향의 해변도로를 따라 걸어가는데 길을 막고 누워 있는 코끼리 바위구멍 아래를 통과할 무렵부터는 마냥 기분이 상쾌하고 즐겁기만 하였다. 사진을 찍으며 바닷가 모래밭에 내려가 누워 보기도 하고, 한가로이 바위에 앉아 있는 갈매기 떼에게 소리도 쳐보고, 천천히 한 시간쯤(09:40)갔을까 발전소 앞을 통과하여 급한 경사길을 한참 오르다 송곳산 밑 한가로운 마을에 닿게 되었다.

이곳 동네 마당에서는 꼬마 어린이들이 염소 두 마리에 올라타려고 뛰어놀고 있는데 그 모습이 무척 행복하고 평화로워 보였다. 이 곳 산간마을을 거쳐 논두렁길을 따라 조금 가다 발전소에서 터빈이 돌아가고 물이 내려가는 소리가 꽤나 요란하게 들린다. 이 발전소는 나리분지의 지하수와 송곳산과 알봉 사이의 신비한 샘인 용출소(湧出沼)에서 솟아나는 물을 모아 파이프로 유도하여 그 수압으로 발전을 한다는 우리나라 유일의 용소발전소이다.

여기서 길을 따라 또 오르면 하늘을 덮어 버린 단풍, 느티나무 등 잡목이 원시림처럼 울창하게 우거져 있고 좀 더 걸어 올라가면 넓은 길이 숲 속에 트여 있다. 이런 경사진 길로 좀 가다 보니 어느덧 어저께 저녁 무렵 통과한 울릉도의 대표적 명소인 나리분지 입구에 이르게 되었다(11:05).

소나무나 잡목이 길 양쪽에 띄엄띄엄 있고 오래 전에 경작하였던 밭이 잡초만 무성하게 자라고 있으며 추수를 끝낸 옥수수 밭은 10월초의 따가운 태양이 내려 쪼이고 몇 채 안 되는 집들이 눈에 뜨이기 시작한다.

집집마다 추수하여 엮어 쌓아 놓은 옥수수 무더기나 기둥에도 주렁주렁 매어 놓은 노란 색의 옥수수가 햇빛에 반짝여 멀리서도 눈에 잘 뜨인다. 어젯밤 이곳을 지나면서 느끼던 때와는 너무도 다르다. 지금 나는 이곳 나리분지를 통과하여 동쪽으로 종단하려 나리령을 넘으려는 것이다.

분지 중간쯤에 이르러 길옆에는 허술한 건물의 나리동사무소가 버려진 집처럼 자물쇠에 잠겨져 있다. 이 건물의 깨어진 유리창을 통해서 누렇게 바랜 동(洞) 현황이 벽에 붙여져 있다. 한 때는 100세대가 살았던 곳이 현

집집마다 추수한 옥수수를 엮어 말리고 있다.

재는 농가 15세대, 주민 67명, TV 13대, 라디오 13대,… 등등이 쓰여 있고 마당가에는 국기도 없는 게양대만 쓸쓸하게 서 있다.

이곳 분지는 북쪽을 제외하고 동, 서, 남으로 미륵산, 성인봉, 나리령이 병풍처럼 둘러져 있다. 나는 동쪽으로 분지의 끝쪽 산 밑까지 왔을 때는(12:00) 이 곳 부근의 길이나 방향이 확실치 않은 것 같아 배낭을 내려놓고 지도와 컴퍼스로 갈 길을 확인하게 되었다. 건빵을 꺼내 먹으며 물도 마시면서 동쪽 방향만을 따라 가다보면 나리령을 넘게 될 듯하여 재확인해 본다. 이 곳에서 동쪽 산 능선으로 수림(樹林)을 통과하는 통신선이 보인다. 이것을 따라가도 될 듯하여 그곳으로 따라 갔는데 좀 가다보니, 우거진 숲이 시야를 가리기도 하고 사태 난 계곡이나 오랫동안 쌓인 낙엽으로 길을 찾을 수 없게 되어 할 수 없이 방향 감각으로 앞으로 전진하게 되었다.

그런데 생각보다 길이 가파르고 불확실하여 다시 높은 능선으로 올라가서 길이나 방향을 확인하면서 계속 오르는데 최근에 사람이 다닌 흔적이라고는 전혀 없다. 우거진 수목과 급한 경사 길 위에 몇 겹 덮여진 묵은 낙엽만 있어 잠시 당황하기도 하였으나, 다행히 위험한데는 없어 그냥 동쪽 방향으로 내려갈 수밖에 없었다.

이제까지 분지 출발 한 시간쯤(13:00) 되는 지점에서 첫 능선에 올라 이 곳에서 20분쯤 더 전진하여 높이 700m(해발) 나리령에 도착하게 되었다.(13:25)

이 곳은 워낙 울창한 숲으로 되어 있어 시야가 가리고 한길 키 높이의 대밭이 허리를 굽혀 통과해야만 되며, 조금 더 가면 'V'자 형의 전투 교통호 같이 생긴 길을 약 1.5km쯤은 통과해야 하였다. 이 길은 오래전 수백 년간 왕래하는 사람들에 밟히고 비에 씻겨 생긴 것 같기도 하다. 그리고 머리 위로 걸리는 늘어 진 큰 나뭇가지를 헤치고 그 밑을 통과해서 더 가다 보면 대나무와 갈대가 앞을 가려 이 곳에서부터는 양팔로 물결을 헤쳐 수영하는 자세로 빠져 나가야 했다. 또 발밑에 밟히는 것이 길인지 아닌지를 가끔 바닥을 확인하지 않으면 엉뚱한 곳으로 빠지기 쉬운 곳이기도 하다.

나리분지 출발 두 시간(14:00) 만에야 앞이 트이고 동남쪽의 수평선 바다가 눈앞에 나타나고 이 곳에서부터 조금 더 가면서 산간 개간지의 농가도 한 두 채 보이기 시작한다. 이렇게 송림 사이의 큰 길을 따라 다시 30여 분쯤 내려가서 드디어 저동에 다다르게 되었다.

나리령은 천부동~저동 간 배가 안 다닐 때는 이 곳 주민의 주통로였으나 오래 전부터 정기선박 운행 후에는 전혀 다니지 않는다고 한다.

아무튼 나리령을 넘는 등산로는 어느 산에도 있을 수 없는 묘한 변화와 특징이 있어 재미도 있고 대단히 잘 택한 코스였다고 생각되었다. 이렇게 하여 나리분지 출발 두 시간 반만에 (14:30) 저동에 도착한 것이다. 나는

마당에 있는 나무에도 옥수수를 엮어 메달아 멀리서 보면 노란 꽃처럼 보인다.

이 날 또 통구미까지 갔다가 저녁 7시가 넘어서 숙소인 처음 울릉도에서 첫 날(10.1) 민박하였던 도동에 되돌아 온 것이다.

이렇게 오늘은 새벽부터 천부동에서 출발하여 아직은 전혀 새로운 길을 더듬으며 도동까지 오게 되었다.

이 곳 울릉도는 그리 넓지 않은 섬이므로 길을 잃어 조난당할 염려가 없으므로 온 종일 걸으며 보고 느낄 수 있는 것들이 너무나 많고 새로웠으나 시간에 쫓겨 길을 걷는 즐거움을 만끽할 수 없어 좀 아쉬웠다. 그러나 잠시나마 꼭 짜여진 틀을 벗고 어느 곳이든 길을 떠났었다는 것만으로도 즐거울 뿐이다.

오래 전 1970년 초, 나는 혼자서 3개월에 걸쳐 인도전국을 돌아보는데 떠돌이 여행을 하였었다. 그 당시 직장에서 업무관련 연수 형식으로 거의 인도 대륙 전국을 오지에서 오지로 다닐 수 있는 기회였었다.

낯선 이국땅에서 하루하루 잠자리를 바꿔가며 걷고, 타고 낯선 사람들을 만나 함께 먹고, 자고…. 그런데 그들 인도사람들은 가난하지만 거의 힌두교를 믿으며 내세(來世)를 위해서 태어났는지 현세를 대단히 평화롭게만 살고 있었다. 일부 도시민은 그렇지 않은 사람도 있으나 거의는 가진 것은 없어도 행복하게만 살고 있는 것을 보고 많은 것을 깨닫게 되었었다.

나는 그 때 처음으로 멀리 이국 오지의 긴 여정을 체험하면서 사람이 살아가는 것도 어쩌면 '한 구간의 길을 잠시간 걸어가는 나그네' 일 뿐이라고 마음에 새긴 것이 지금도 잊혀지지 않는다.

그러나 현실은 또 현실이다.

해탈(解脫)한 승도(僧徒)가 아니라면 더불어 살기 위해서 함께 어울리는 틀 속으로 또 들어 갈 수밖에 없다.

내일 아침 9시에 울릉도를 떠나 서울에 늦게 도착해서는 다시 급박하게 돌아가는 생활전선에서 뛰어야만 한다.

그리고 나는 이번 혼자만의 여행에서 생소한 경관도 좋았으나, 나 자신을 스스로 돌아보며 많은 것들을 생각하게 하였다. 특히 현재의 내 처지나 내 삶의 소중함을 다시 일깨워 준 값진 여정이었던 것 같다.

성인봉 코스

① 도동—관모봉—성인봉—관모봉—도동 (5~6시간)
② 저동—주사골—봉래폭포—성인봉—관모봉—도동 (6~7시간)
③ 도동—관모봉—성인봉—알봉분지—나리분지—천부동 (5~6시간)
④ 도동—관모봉—성인봉—향목령—태하(8~9시간)

※ 시간은 약간 여유 있음.

해안도로 코스(약 40km, 1박 2일)

도동 —30분— 저동 —40분— 내수전약수터 —40분— 내수재 —38분— 가게 —15분— 백운동 · 와달리갈림길 —40분— 와달리

해돋이학교 —2시간20분— 섬목 —1시간10분— 삼선암 —1시간20분— 죽암 —30분— 천부 —10분— 풍혈 —30분— 추산발전소 —1시간20분— 현포 —5분— 고려

장터 —45분— 향목령 —30분— 태하 —1시간35분— 태하령 —47분— 남양 —1시간30분— 통구미 —33분— 가두봉 —1시간— 장흥초등학교 —10분— 사동1동 —35분— 도동

※ 동쪽이든 서쪽이든 형편에 따라 걷는 것은 걷는 것만큼 많은 것을 보고 얻는다.

1983. 10. 12

살아 천년 죽어 천년 주목을 심은 뜻은

벌써 8·15해방(1945년)이 된지 반세기가 넘어 60년째가 되었다. 그때는 내가 초등학교 어린시절이었지만 지금도 생생하게 잊혀지지 않는 것은 일제 강점기 전교생이 험한 산에 올라 어린 고사리 손으로 소나무 광솔을 따고 고주배기(잘린 나무뿌리)를 캐러 다녔다는 것이다. 그리고 해방이 된지 5년 후에는 6·25동란(1950년)이 터지자 전 국민은 전쟁 중 생사기로에서 혼란에 빠져들게 되었다. 그 당시 산림피해도 가장 심하여 전국토의 산지는 벌거숭이가 되어 황폐해져 버린 것이다.

1960년대에 들어서 정부에서는 국민을 총동원하여 강력한 치산치수 사업을 수신한 결과 현재는 모든 산이 거의 푸른숲으로 가득 들어차 녹화 사업에는 성공하였다고 하나 그 당시 수종을 가리지 않고 거의 속성수를 마구 심어 목재의 이용가치나 경제성이 떨어져 앞으로 우수한 수종으로 재조림을 하여야 된다는 것이다,

한번 파괴된 산지가 복원하려면 150~200년이 걸려야 한다고 하므로

그나마 현재 잡목이 우거진 숲도 앞으로 100년은 더 있어야 본래의 자연 그대로 산의 모습을 되찾게 될 것이다.

최근 본격 생활환경이 바뀌면서 경관이 수려한 일부 국립공원은 탐방객의 격증 현상이나 국립공원 가까이에 주택신축, 도로 등의 건설로 국립공원의 자연경관과 생태계 훼손은 점점 심각한 지경에 이르고 있다.

우리나라가 금수강산이라 일컬어지지만, 전국의 가장 산수가 수려한 국립공원으로 지정된 산은 불과 15개소뿐이다. 이중 특히 수도 서울 도심에 있는 북한산은 우선 수려함이 빼어나고 1,000만이 넘는 서울시민은 물론 전 국민의 각별한 사랑으로 탐방객이 연간 500만 명이 넘어 현재 이 산은 몸살을 앓고 있는 실정이다.

서울의 북한산은 입지여건이나 자연경관, 이용율을 보아 앞으로 먼 훗날을 대비하여 다른 지역의 공원과는 별도의 특별 관리방안이 마련되어야 된다고 생각한다.

한 예로 현재 북한산 주봉인 백운봉(대)의 실태를 살펴보자.

북한산은 모두 화강암 바위산이며 백운봉(대) 정상 부근에는 토사가 얇게 얹혀서 토심이 얕다. 그나마 나무들이 그 위에 뿌리를 겨우 내려 이곳에 신갈나무, 진달래, 팥배나무 등이 식생하고 있는데 그곳에 탐방객이 몰려 토사가 유실되면서 그곳의 초근식물은 점점 생존할 수 없게 되어가고 있다. 이런 상태로 방치한다면 앞으로 몇 년 안에 백운봉(대) 정상부근의 나무를 다시는 볼 수 없을 것이며 영원이 복원 불가능할 것이다. 이와 같은 예는 인수봉, 노적봉, 만경봉도 마찬가지이다.

이곳 거대 암봉에도 봄이면 꽃도 피고 나무숲이 우거지는 경치가 얼마나 아름다운가. 만약 얼마 안 있어 이 암봉에서 늘 보아 오던 꽃이나 나무들을 다시는 볼 수 없게 된다면 그렇더라도 지금처럼 이렇게 방치할 것인가.

●주목을 심는 날
(철도산악연맹OB
김재근 회장과 함께)
매년 식목일이면 소나무, 잣나무를 심어 오다가 기왕이면 1,000년 앞을 보는 주목을 심기로 하였다.

당국에서는 이와 같은 시급한 앞날에 발생할 일을 왜 미리 예측하여 산(국립공원)을 관리하지 않는지 염려스럽다.

어떻든 나는 몇 년간 북한산 사진촬영을 하면서 이 산을 계절별로, 어느 위치에서 볼 때 가장 아름다운지를 이곳저곳을 찾아 다녀 이 산의 산세를 거의 파악하게 되었다. 북한산에는 수령이 오래된 나무가 없고 특히 침엽수가 적어 겨울철에는 삭막하게 보일 때가 있어 아쉬움을 느낄 때가 있다.

그러면서 이 산에서 멸종된(?) '살아 천년 죽어 천년'이라는 주목을 생각하게 되었다. 태백산을 상징하는 태백산 정상부근의 죽어 천년을 지내는 아름드리 고사한 주목이나, 소백산 주목 군락(천연기념물)이 북한산 만경봉 부근에서도 볼 수 있게 된다면 얼마나 북한산이 돋보일까.

주목은 우리 눈에 너무도 친숙한 나무이다. 나무 모양은 자연스런 아름다움이 독특하고, 목재 재질은 붉고 향기로우며, 조직이 치밀하고 단단하여 목재 중에서는 제일로 꼽는다고 한다. 그리고 오랜 세월을 말없이 견디며 생명력이 강하고, 끈질겨 큰 나무들 틈에서도 잘 자란다.

최근 북한산 인터넷 사이트에서도 북한산 인수봉 정상부근에서 겨우 살아있다는 주목을 살려 보자며 글을 띄운 것을 보았지만 별 반응이 없었던 것으로 알고 있다.

일찍이 우리직장 산악단체에서도 1980~2000년대까지는 매년 식목일에 행사 차원에서 북한산에도 수종에 관계없이 많은 나무를 심었었는데, 그때는 거의 소나무나 잣나무를 심었다. 나는 북한산 사진을 촬영하면서 생각을 다시 하여 앞으로 다가오는 먼 훗날을 감안하여 기왕이면 조금 더 부담되어도 주목을 심는 것이 좋겠다고 결심하게 된 것이다.

산림조성이나 생태계, 자연경관을 장기간으로 전망하여 볼 때, 단기적인 현상보다는 먼 미래가 얼마나 더 중요한가.

그리고 우리 주변의 현실을 돌아보면 우리는 한 치 앞도 미래를 내다보지 않고, 정신없이 현재에만 즉흥적인 것에 매달려 급박하게 살고 있는 것이 사실이다.

코앞으로 닥쳐오고 있는 일을 진작부터 외면하다가 큰 대가를 치르는 경우가 허다하다.

한편 생각해 보면 50년, 100년 세월도 한순간에 지나지 않는다. 앞으로 100여 년 후에 가장 돋보일만한 나무가 바로 주목이라고 인식한 후 나는 10여 년 전부터(1994년) 가까운 산악동호인 몇 명과 함께 자주 오르는 북한산 한적한 등산로 주변에 일년이면 거의 100여 그루씩, 4~5년생 주목묘목을 매년 심어, 이제까지 처음 계획대로 10년(1994. 4~2003. 3)에 걸쳐 1.000여 그루(심은 누계 1.050그루)가 되었다. 앞으로 이중 30~50%는

벌써 10년이 지난 주목은 1m를 넘는다. 앞으로 또 몇 십 년이 되면 제법 큰 나무가 되어 더욱 돋보이는 날이 올 것이다.

잘 생장하리라 기대할만하다고 생각한다.

일부러 어린 묘목을 심어 이 묘목이 자라면서 주변생태계 환경에 잘 적응되어질 것으로 보고 있으며, 현재 인적이 드문 한적한 지역에 주로 심어져 있는데 현존 큰 나무 그늘 숲에서 주위환경에 잘 적응하면서 자라고 있다.

묘목은 처음 심을 때에는 활착도 잘 되고 잘 자라는데, 가끔 뿌리까지 없어진다. 이 것은 등산객이 뽑아가거나 겨울에 눈이 왔을 때 청설모 같은 짐승이 잘라먹는 것으로 추측되며, 아무래도 50여 년 이후까지 잔존율은 적어도 30%이상은 되리라 생각한다.

현재 아직은 겨우 뿌리를 내린 묘목 크기를 못 벗어났어도, 여름에는 푸른 숲에 가려서 눈에 잘 띄지 않으나 겨울에 눈이 왔을 때는 푸른 침엽수가 의젓이 자라고 있어 흐뭇해진다. 이런 상태로 앞으로 50년, 100년 후에는 몇 그루가 남을지 몰라도 그때쯤에는 어엿이 자리 잡고 커있는 주목이 북한산에서도 후한 대접을 받게 되는 날이 오리라 나는 확신한다.

자연생태계를 예측할 때 보통 숲과 더불어 생태계 자연이 완전히 복원되려면 나무는 수령이 200~300년이 되면 가장 좋다고 한다. 북한산의 숲도 적어도 앞으로 100년 이후에는 지금 한창 자라고 있는 아직 어린 주목도 소백산 주목 군락지 나무크기만큼 커있으리라 눈에 그려지기도 한다.

나는 산을 자주 오르면서 내 자신의 심신 수련이나 건강 등 많은 것을 얻게 되었고 아울러 산에 점점 깊은 애정을 느끼게 되었다. 그런 중에 한편으로 나도 사랑하는 산에 알게 모르게 적지 않은 피해를 주었으리라 생각한다. 적어도 사랑하고 좋아하는 대상에 대하여 최소한 피해를 주어서는 안 된다는 평소 내 신념과 나의 순수한 산을 아끼는 마음으로 최근 가장 자주 오르는 가까운 거리의 북한산을 소재로 사진전도(개인전) 열었고, 그리고 이번에는 뜻한 바 있어 먼 장래를 바라보고 주목을 심게 되었다. 주목 묘목을 심을 때 이 산의 자연생태에 잘 조화될 수 있도록 나름대로 배려도 하였었다. 이제까지 심은 장소는 넓은 북한산 한 구석에 무수한 기존의 초목 틈에 겨우 주목이 끼어있어 어느 곳에 심어져 있는지 잘 보이지도 않는다.

산이나 모든 자연은 사람들이 거쳐 가는 만큼 그 흔적이 피해로 남겨지게 되어있다.

앞으로 하루같이 늘어나는 많은 탐방객의 심한 산지훼손은 다시 복원불가능한 지경에 이를지도 모른다. 이제는 효과적인 예방과 활용의 차원에서 관민이 함께 참여하여 국립공원을 감시, 관리하여야 할 것이다.

한번쯤 먼 앞날에 달라져 있을 산의 모습을 그려보고 상상하여 보자.

50년이나 100년 후. 나 자신은 물론 현재의 내 주변 생존자까지 모두 이 세상에서 살아질지라도 우리 주변에 있는 금수강산은 더 아름다운 모습으로 우리의 후손에게 사랑받으리라 생각한다.

그때 특히 겨울철 하얀 눈이 덮인 북한산 한 모퉁이 의젓이 서있는 주목은 어떤 모습일까. 주변 경관과 잘 어우러져 과연 한층 돋보이는 천년의 나무 역할을 기대할 수 있을 것인지…. 하긴 그때 가 봐야 알 것이나 머릿속에 그려나 본다.

오늘 심지 않으면 먼 훗날 그때에도 없을 것 아닌가.

지금 우리가 하는 일들이 하찮은 것일지라도 후일 유일한 보람으로 남겨질 만한 가치가 있다면 누구나 기쁜 마음으로 이런 일은 할만하다고 생각한다.

북한산은 우리 모두에게 내려준 천혜의 선물이다.

잘 가꾸어 우리 후손에게 넘겨주며 영원히 아름답게 보존하여야 할 것이다. 그리고 늘 감사한 마음으로 우리는 이 산을 대해야 할 것이다.

2005. 4

아래 글은 "사람과 산"지에 게재(2001.6) 되었던 것이다.
위 글을 이해하는데 참고가 될만하여 여기에 게재하였다.

북한산에 주목심는 인수봉 사진작가 정현모
한 그루 주목으로 천년의 사랑을 심는다

인수봉을 등반하던 도중 한국철도 산악연맹 회원인 고윤호 씨(37세)가 정상을 코앞에 두고 보잘 것 없는 자잘한 숲으로 발길을 돌리다 한탄을 한다.

"어어 ! 청설모가 다 갉아 먹었네"

뜬금없는 소리에 머리를 돌려 들여다보니 껍질이 살살이 벗겨져 하얗게 벌거숭이가 된 자그마한 나무 한 그루가 눈 속에 서 있었다. 유난히도 눈이 많이 왔던 지난 겨울 먹을 것을 못 찾은 청설모가 나무껍질을 갉아 먹은 모양이다.

주변에 심어놓은 지 5년이 지났다던 무릎만한 일곱, 여덟 그루의 어린 주목들도 죽어 있었다. 안타까움에 숲을 살살이 헤치며 발길을 움직이던 고윤호 씨의 얼굴이 활짝 펴졌다.

"와 ! 여기 한 그루가 살아있다. 봐 ! 봐 !"

너무도 조그맣게 보이지만 새파란 잎을 낸 주목이 대견스러웠다. 그는 주목이 "살아서 천년을 가고 죽어서 천년을 간다"고 말하며 북한산에 주목을 심는 사진작가 정현모 씨를 소개했다.

〈중략〉

주목심기는 산행 흔적에 대한 보답일 뿐

북한산은 현재 연간 유료입장객이 약 400만 명(무료입장객 포함 약 700만 명)에 이를 정도로 하루가 다르게 황폐화되고 있다. 이런 상황에서 정현모 씨는 산에 나무가 자라고 동물이 살아야 함에도 불구하고 국립공원관리공단은 기껏 등산로 보수와 통행제한 밖에 못 한다고 말한다. 당대만 생각할 것이 아니라 100년 후를 내다보며 수

목관리를 계획적으로 해야 한다고 강조한다.

정현모 씨가 심는 나무는 주로 주목이다. 주목이 공해에 잘 견디고 그늘에서 잘 자라기 때문이다. 주목은 빌딩숲 사이의 관상수로도 많이 쓰인다. 특히 겨울 하얀 눈 덮인 산에 우뚝 선 주목은 모든 사람으로 하여금 찬탄을 갖게 한다. "지금까지 주목은 700그루(1994-2001) 이상 심었어요. 보통 90퍼센트 활착률을 보입니다. 그런데 사람들이 관상수로 여겨 그걸 뽑아갑니다. 그 자리에 또 심죠. 계속 심어요. 뽑아가지 않으면 100에 90은 살 텐데…. 그래도 700그루중 반 이상은 살 것입니다."

그래서 그는 주목이 겨울에는 새파랗게 그대로 노출되기 때문에 사람들의 발길이 뜸한 인수봉 쪽 서면이나 북면 쪽에 심는다.

"주목을 심어놓은 장소를 알고 있죠. 그 근방에 갈 때 머릿속에 넣고 갑니다. 겨울에는 어린 주목이 쓰러져 있는 경우가 있어요. 발길을 멈춰, 쓰러진 것은 나무를 꽂아 바로 세워 줍니다. 50년이나 100년 뒤에는 우거질 거라는 즐거운 공상을 하죠. 비록 우리는 흔적(생명)도 없겠지만"

그는 자비를 들여 94년부터 나무를 심었다. 주목, 전나무, 노가나무까지 합치면 현재 1.000그루 가까이 된다. 그의 북한산 산행 횟수를 따져보면 한번 산행에 평균 2그루씩 나무를 심어 온 꼴이다.

산은 그에게 하나의 피사체였다. 그러나 그는 단순히 보여지는 피사체를 그대로 필름에 담지는 않는다. 그곳에 나무를 심고 가꾸었다. 자신의 카메라로 찍은 필름에 나무 한 그루가 더 심어져 있다. 바로 자신이 심은 나무다.

북한산 인수봉은 점점 돌무더기가 풍화작용으로 떨어지고 드문드문 있는 소나무마저 뽑혀져 벌거숭이가 되어가고 있다. 그것을 안타깝게 여긴 철도산악연맹 회원인 고윤호 씨는 인수봉을 등반하여 정현모 씨가 건네준 주목을 정상에 심었던 것이다.

모든 사물에 감성적 의미를 부여할 줄 아는 사진가. 진정한 이 땅의 강산을 사랑할 줄 아는 등산가. 그는 자기 본연의 일을 하면서도 사진에 심취하였다. 그토록 오래 바라보다 인수봉을 닮은 탓일까. 그의 모습은 인수봉의 모습을 하고 있는 듯 묵묵하면서도 은은하게 빛을 발하고 있었다.

산의 아름다움 속에서 친구들과 담소를 나누는 것이 가장 행복하다고 말하는 그는 형편이 되는 한 주목을 심겠다 한다. 가을쯤에는 북한산을 타이틀로 전시회도 열 생각이다.

그는 오늘도 북한산에 산소호흡기를 댄다. 그가 심은 나무는 "살아서 천년 죽어서 천년"을 북한산의 주목이 되어 뿌리를 내릴 것이다. 그리고 그가 밟고 다녔던 흔적을 지울 것이다. 〈강윤성 기자〉

●고사목 사이로 보이는 공룡능선

공룡능선은 이 능선 1275봉을 정점으로, 멀리는 대청봉 그리고 중청봉, 완만한 화채능선이 동북쪽(설악동)으로 뻗어있다.

내외설악을 드나들던 날

2 내외설악을 들락이던 날

- 강행 공룡능선 아영종주
- 오토바이에 매달려가던 등산 답사길
- 여름휴가를 즐기는 지그잭 종주 캠프
- 절경의 공룡능선으로 연이은 등반
- 한여름 밤 추위에 떨었던 화채능 야영
- 산행 중 위기에서 탈출

●용아장성 가을 (1)
(봉정암 부근)

이곳 능선 끝머리에 솟은 거대암봉 위용은 바로 용아장성의 험준함을 보여주는 것이며, 여기에 어우러진 가을단풍은 한층 돋보인다.

강행 공룡능선 야영종주

설악산 공룡능선은 설악산 내외설악을 거의 남북(동남—서북)으로 가로지르는 주능선으로 마치 산세가 날카로운 공룡처럼 닮았다 하여 붙여진 이름이다.

이 능선에 올라서면 너른 설악산 산세를 구석구석 한눈으로 살펴볼 수 있는 전망대의 연속이라 할 만하다. 더욱이 이 능선에서 캠핑도 하고, 능선 종주 등산을 한다는 것은 설악산 등반의 최고의 경지라 할 만하다.

우리들 이번 등반은 10월 초, 연휴 휴무일(국군의 날, 개천절)을 택하여 직장에서 서로 잘 알고 지내는 동료·선후배로 천막 2조 인원 8명으로 구성하여 한계령 → 대청봉 →공룡능선 → 마등령 → 비선대 코스로 정하고 몇 달 전부터 계획을 짜고 준비하여 등반하게 되었다.

이 때 2박 3일 중 1박은 공룡능선에서 캠핑을 해야하므로 막영구(천막)와 취사구, 식품류 때문에 짐도 좀 무거워 힘든 산행이므로 모두 미리 워밍업을 하면서 체력에 문제없도록 대비하였었다.

이번 구성원은 거의 철도청 재직 선후배 현직자들로 만능 스포츠맨인 김정옥 소장(철도청설계사무소), 이왕림 사장, 김종욱 철도 노조위원장, 정진우 본청시설과장, 김현규 서철구선계장, 백성기 주임, 김동수 보선과 후배, 필자 등 모두 8명이 봉고차 한 대에 타고 설악산 장수대 앞마을에서 민박을 하고 다음날 새벽에 일어나 한계령으로 차를 타고 가서 그 곳에서 날이 새기 시작하는 6시쯤에 대청봉 쪽으로 오르면서 등반이 시작되었다.

등반 팀 모두는 묵직한 배낭을 메었는데도 활기찬 모습으로 별로 쉬지 않고 11시쯤 되어 대청봉에 도착하였다. 그 곳은 높은 지대(1,705m)이므로 안개가 좀 끼어 있고 선선한 날씨였으며 여러 등산로에서 올라온 많은 등산객들이 좁은 정상에 가득 들어차 복잡하였지만 우리 일행은 좀 떨어진 곳에서 간식을 하면서 여유를 갖고 쉬다가 곧바로 공룡능선으로 들어서는 희운각 부근에서 점심을 지어먹기로 하여 소청봉을 거치지 않고 직행샛길로 내려갔다.

우리들은 희운각 산장 쪽으로 내려가면서 앞쪽으로 펼쳐진 공룡능선의 우뚝 솟은 1275봉과 천화대 일대의 그림처럼 보여지는 광대한 파노라마 전경을 보고는 모두 감탄하였다. 그러나 그곳까지 가야 될 힘든 산행에는 겁을 먹은 듯 걱정하는 모습이 눈에 띄기 시작하였다.

드디어 희운각 부근에서 점심을 지어먹으며 앞으로 가야 될 험준한 산길에 염려스런 애기를 한마디씩 하기 시작하고 분위기가 좀 어색해지기 시작한다. 잠시 후 일행 모두는 도저히 그곳 공룡능선에 못 갈 것 같으므로 이곳에서 바로 천불동계곡 쪽으로 쉽게 하산하자며 반기를 들기 시작한다. 뷰위기가 어수선해지며 모두는 시무룩한 표정으로 점심식사는 그럭저럭 끝내고 내가 리더임으로 내 눈치를 살피는 것 같았다.

그 때 나는 좀 황당하고 불만스러웠지만 일단 속내를 자제하면서 처음 계획대로 변경할 수 없다고 단호히 말하였다. 그리고 우선은 중량이 무거

●공룡능선

공룡능선으로 들어서는 신선대 부근에서 본 이 능선 전경이다.
사진상으로 멀리 떨어져 외소하게 보이나 실제는 대단히 웅장하여,
이곳 정경을 처음 보게 되면 누구나 절로 탄성이 나온다.

운 식품류나 막영구 등 개인별로 배낭 짐을 재분배하고 김치류 같은 무거운 식품은 다른 등산객에게 나눠주면서 짐을 가볍게 줄이도록 하고, 내가 앞장서 일어서면서 무조건 따라오라고 뒤돌아보지도 않고 공룡능선 방향 쪽으로 걸어 들어갔다. 그랬더니 드디어 아무 말 없이 하나 둘씩 뒤따라오기 시작한다. 나는 속으로 걱정을 하면서 눈치를 보는데 모두 어쩔 수 없는 듯 무표정한 인상들이었다.

이 날 이왕림 선배는 나에게 고집만 부리지 말고 여러 선배들 체면도 생각해서 무리하지 않는 것이 좋을 듯하니 처음 계획을 변경하여 쉬운 길로

●공룡능선 암봉

1275봉(높이1,275m)

공룡능선상에서 가장 높은 봉우리이다. 이 봉우리에 올라서 내·외설악 전경을 자세히 살필 수 있는 곳은 설악산에서 이곳 밖에 없다.

내려가자고 진지하게 설득을 하였지만 나는 처음 계획 그대로 공룡능선으로 고집할 수밖에 없었다.

힘든 산행이지만 조금만 참고 견뎌 내면 기대에 어긋나지 않을 텐데 힘이 좀 든다고 하여 너무도 어렵게 계획하였던 이번 산행을 쉽게 포기하려는데 더 고집을 하게 된 것이다.

어떻든 이때는 좀 서먹서먹한 분위기에 잠시 멋쩍긴 하였으나 곧 바로 밝은 표정으로 바뀌면서 무너미고개를 거쳐 공룡능선의 신선대 정상(1.210m)에 올라서게 되었다. 이곳에서는 전방에 펼쳐진 공룡능선이나 사방으로 확 트인 광활한 가을 설악산의 황홀하고 장엄한 전경을 보면서 모두는 만면의 미소에 탄성을 금치 못하였다.

그리고 잠시 어색하였던 기색은 깨끗이 사라졌고 이곳에 오기를 참으로 잘하였다고 이구동성으로 얘기하며 화기애애한 분위기로 돌아서 참으로 다행이라 생각되었다.

우리는 이번 산행을 마칠 때까지 차질 없도록, 행여나 안전사고에 유의하면서 이날 밤의 야영지를 향하여 여유로운 걸음으로 공룡능선 깊숙이 들어가게 되었다. 이제는 분위기도 좋아져 능선 주변 산세에 관한 설명도 곁들이고 단체사진도 촬영하면서 별로 힘도 들이지 않고 공룡능선 중간지점 캠프사이트에는 예정시간 17:00시에 모두 무사히 도착하게 되었다.

이곳 능선은 해발 1,100m~1,200m 사이를 오르내리는 높은 지대이므로 벌써 저녁 5시면 아직 해가 있는데도 바람이 차갑고 바로 추워진다. 우리는 도착하자 바로 천막 2동을 치면서 저녁도 짓고, 주변에서 모닥불 땔감이 될만한 나뭇가지도 주워 오는 등 모두가 바쁘게 움직이기 시작하였다.

천막 장소가 능선 상에 위치하여 넓게 트인 동쪽 방향의 설악동 호텔이나 건물들이 훤히 보이고 그 쪽 넘어 동해바다에서는 찬 바닷바람이 세차게 불어오고 있다. 즐거운 식사를 마치고 나니 서쪽의 서북 주능선 쪽으로 해도 모두 지고 주위는 점점 어두워지기 시작한다. 우리는 모닥불을 피우고 둘러앉아 재미있는 덕담이나 오늘 있었던 일들, 내일 산행에 관한 얘기를 하면서 여유의 시간을 잠시 보내게 되었다. 이렇게 한동안 밖에서 있는데 저녁바람이 점점 세차게 불고, 모닥불 불티가 날려 위험을 느껴 바로 불을 끄지 않을 수 없었다. 이제는 추워서도 더 밖에는 있지 못하고 천막으로 모두 들어가게 되었다.

벌써 깜깜해진 밤 설악동의 반짝이는 야경 불빛이 그리 멀지 않은 거리에서처럼 환하게 비치는듯하고, 밤하늘은 온통 별밭인데 바람결에 풀벌레 소리는 요란하게 귀에 울려댄다.

우리가 오늘 만추의 설악산 품에 안겨 하룻밤을 지새우게 된 정경을 뭐라 설명할까. 마치 세속에서 멀리 떨어진 미지의 세계로 들어선 기분이다. 모두 피곤해서인지 하나둘 씩 꿈속에 빠져 코를 골기 시작한다.

점점 커져가는 바람소리, 풀벌레 소리를 들으며 나는 깊은 산중인지라 행여 산짐승이라도 천막 곁에 나타나 해하지 않을까 그런 궁상스런 잡념에 잠을 청하는데도 쉽게 잠이 오지 않는다.

다음 날 우리는 예정대로 어김없이 새벽 5시쯤 동이 트면서 모두 기상하였다. 아침식사는 간단하게 지어먹고 마등령까지 4시간 예정으로 느긋하게 시간 여유를 갖고 7시 40분에 출발하였다. 어저께 하루를 보내는 사이에 배낭 짐은 훨씬 가벼워졌다. 우리는 상쾌한 기분으로 조금 가다가 이 능선의 하이라이트이며 최고봉인 1275봉에도 자일 확보를 하여 모두 올라가 기념사진을 찍으면서 사방으로 트인 설악산의 만산홍 가을 단풍 경관을 구석구석 모두 살펴보게 되었다. 이렇게 여유를 갖고 느긋하게 하산하여 산행이 훨씬 즐겁게 되었다.

마등령에는 12시에 도착하여 미리 준비한 간식으로 점심을 겸하여 먹으면서 한동안 쉬었다.

백성기 주임은 발목이 좀 불편한 것 같다고 하여 천천히 가게 되었는데 다행히 내려가는 코스라 우리는 자주 쉬면서 체력에 무리가지 않게 조심하면서 하산하였다.

마등령에서 비선대 간은 등산로도 넓고 워낙 등산객이 많아 길을 잃을 염려나 위험이 없어 일행 중 일부는 선두에서 미리 가도록 하고, 한편 체력에 부담을 느끼는 자는 뒤쳐져 천천히 내려가기로 하여 두 팀으로 나누어 가다가 비선대에서 모두 만나기로 하여 양 팀 별로 떨어져 가게 되었다.

이렇게 가다 정진우 과장이 혼자서 금강굴 뒤쪽으로 길을 잘못 들어 한참을 헤매다가 되돌아오느라 고생을 좀 하였을 뿐 별 일없이 비선대에서 오후 3시에 모두 만나게 되었고 설악동에는 오후 4시에 대기한 봉고차를

●철도청 동료와 함께
이 산을 등정하려고 몇 개월간 미리 워밍업을 하여 이 능선에서 무사히 야영종주를 함께 한 철도청 재직 선후배 멤버.

타고 서울로 출발하여, 저녁 9시 가까워 서울에 도착하면서 벼르던 공룡능선 산행을 모두 무사히 마치게 되었다.

어떻든 공룡능선 야영 종주 산행이야말로 이번 멤버처럼 비전문 산악인에게는 최고의 경지라 할 만하였다.

우리가 사는 동안 매사에 어떤 기회가 주어질 때 그 기회를 한번 잃으면 영원히 다시 맞을 수 없는 경우가 있다. 이번 산행은 몇 달간 계획하여 실행하게 되었는데 첫날부터 선배 분들이 반기를 들어 이를 내가 고집스럽게 강행으로 밀어 붙인 것은 참으로 잘 한 일이었다고 지금도 그때를 가끔 생각한다.

1981. 10. 4.

오토바이에 매달려가던 등산답사길

봉정암 쪽 답사 길에 다급하여 서둘던 일

지금은 7월 초여름인데 앞으로 한 달 후 8월이 오면, 여름휴가를 맞아 악우(岳友)들과 설악산종주 캠프를 계획하게 되었다. 그런 일로 나는 설악산 오세암~봉정암 간 등산로 탐색 차 여러 가지 생각 끝에 마침 제헌절(7.17) 휴무일을 택하여 혼자 현지 확인차 설악산으로 가게 되었다.

집에서 새벽에 나왔지만 마장동 버스 터미널은 무질서하고 소란한데다 배차시간도 늦어 결국 오전 8시에 서울에서 출발하게 되어 원통에는 11시에 늦어 도착하였다. 이 곳에서 다시 외가평행 시내버스를 한동안 기다려 바꿔 타고 외가평행 도로에 들어섰는데 하필이면 도로확장(군사도로)공사를 하느라 일방통행으로 버스를 세워 놓고는 한없이 기다리게 하여 나는 마음이 조급해져 불안하기만 하였다. 30~40분이면 갈 수 있는 데를 2시간 40분이나 걸려 외가평에 늦게 도착(13:40)하였으므로 나는 이곳에서 조급하게 서두르지 않을 수 없게 되었다. 오늘 일정이 백담사에서 오세암을 거쳐, 답사구간을 조사하면서 당일로 봉정암까지 먼 길 산행을 해야 될

●내설악 서북능선

내설악은 산세가 워낙 험하고 넓다.
이와 같은 큰산에서 조난사고는 사소한 부주의에서 흔히 발생한다.
안전사고 예방 첫째 조건은 확실하고 자신있는 등산로 선택이다.
만약 불확실 할 때는 필히 사전답사(조사)를 하여야한다.

터인데 이렇게 늦어지면 못 갈 듯하여 마음을 졸이고 있었는데 마침 외가평 삼거리 길 옆 가게에 오토바이가 눈에 뜨였다. 염치 무릅쓰고 가게 주인에게 사정을 얘기하였더니 젊은 오토바이 주인을 찾아주며 거들어 준다.

나는 오늘 중 급히 가야 될 일정을 설명하면서 오토바이를 백담사까지만 태워 달라 하였더니 딱하게 생각이 들어서인지(나이도 많은 나를) 겨우 승낙한다. 곧바로 오토바이 엔진 시동을 걸더니 나를 타라고 하여 나는 배낭을 멘 채로 오토바이 뒤에 올라 운전자 허리를 꼭 껴안고 매달린 채 가는데, 평소 생각과 달리 승차감이 전연 달랐다 .

나는 그때 오토바이를 평생 처음 타 봤지만, 백담사까지 9km거리를 쌩쌩 속도를 올리는데, 도로면도 거칠은 곡선에서 핸들을 틀 때는 그때마다 심장이 오싹 저려 오고, 마치 위험한 곡예를 하는 것처럼 겁에 질리는데도 어쩔 수 없었다. 당시만 해도 백담사 주변에는 민가도 있었고 길이 좋지 않아 택시 같은 소형자동차만 겨우 출입할 수 있었다. 어떻든 오토바이는 백담산장 앞을 지나 오토바이가 들어 갈 수 있는 데까지(30~40분간) 오세암(수렴동) 오르는 길로 깊숙이 들어가 주어 이 날 산행시간을 상당히 단축할 수 있었다. 나는 너무나 오토바이 기사가 고마워 사례를 하려 하였으나 극구 사양하여 다음날에 가게에 들려 인사하기로(술이라도 한잔) 미루고 오토바이에서 내려 등산로를 따라 오세암 쪽으로 급히 서둘러 오르게 되었다.

나는 이곳 설악산에는 오래전부터 자주 드나들어 왠 만한 등산로나 주변 산세에도 눈에 익혀져 낯설거나 별로 불편하지 않은 등반을 하는 편이다. 이날은 사람도 전혀 없는 조용한 산중 분위기가 워낙 내게는 좋아 조급하였던 기분도 금방 사라지고 마음이 바로 안정되어졌다. 그리고 오늘 처음 찾아가야 하는 미지의 등산로(오세암~봉정암)이나 산행이 잘 될 것만 같은 유쾌한 기분으로 오세암에는 예정보다 좀 늦은 16시 45분에 도착하였다.

아직 점심도 걸러 시장기가 느껴지는데 하늘은 먹구름이 잔뜩 찌푸리고 있어 곧 비라도 뿌릴 것 같다. 우선 등산 지도(지평도)를 펴 들고 조심스럽게 이곳 스님께 찾아가 봉정암까지 가는 가야동계곡 횡단 샛길(오세암~봉정암)을 물어 보았으나 젊은 스님은 딱 잡아떼고 등산로가 없다고 하며 안 가르쳐 준다.

오늘 나는 이곳 오세암을 거쳐 봉정암 산장까지 4~5시간 걸리더라도 그곳에 가서 자려고 하였는데 그렇게 안 되는 것 같아 아쉬워하며 망설이고 있는데, 빗방울이 떨어지기 시작하더니 금방 소나기가 퍼붓는다. 빗줄기는 점점 굵어져 그치지 않고 시간만 가는 것이 안타깝기만 하였다. 그 전부터 오세암에서는 이곳을 오가는 많은 등산객을 재워 주고, 여러 가지 편의도 잘 봐 주었는데 오늘은 왜인지 스님이 거절해 버려 너무나 섭섭하기도 하고 이 번 계획에 차질이 오게 되었다. 지금 당장 혼자서라도 독도법을 활용하면서 봉정암을 찾아갈 수 있겠으나 날씨가 안 좋아 좀 무모한 듯하여 난감하기만 하였다.

오늘 이곳 오세암에 오기 전에 노상에서 지체 시간이 3시간이나 늦어 진데다 지금 비까지 오고 있어 이제는 처음 계획을 포기할 수밖에 없었다. 씁쓸한 기분으로 이곳 등산객이 머무는 방에 들어가 배낭을 풀어 점심・저녁 겸해서 라면을 끓여 먹고는 일찍 침낭 속에 들어가 잠을 청할 수밖에 없었다. 밖에는 아직 비가 그칠 줄 모르고 주룩주룩 내린다.

노산의 설악행각 중 "오세암의 밤" 시는 이런 분위기에 좋은 것 같다.

깊은 산 가을밤에
빗소리 구슬프다
저 스님 무슨 생각에
눈을 감고 앉았는고

나도 따라 눈감고 앉아
빗소리 들어보니
빗소린 눈감고 듣지 말게
가슴 젖어 드느니.

<노산 이은상. 1903. 10~1982. 9>

이곳 산중에 비가 오면 일찍 어두워져, 나는 누워 빗소리에 걱정만 하다가 잠이 들고 말았다.

새벽녘인가. 꿈인지 생시인지 신비한 소리가 귀에 들려온다.

아직은 깜깜한데 밖에는 적막을 깨고 목탁 염불소리가 단잠을 깨운 것이다. 비는 어느새 그친 것 같고, 스님은 이 밤에 마당을 돌며 염불을 하고 있다. 플래시로 시간을 보니 새벽 3시. 눈을 감고 잠시 생각을 하다 잠이 다시 들어 새벽 5시에 일어나 배낭을 챙겨 메고는 헤드랜턴을 비춰 가며 가벼운 걸음으로 마등령 쪽으로 오르기 시작하였다.

숲으로 덮여진 등산길은 더 깜깜하고, 어저께 내린 비에 계곡의 물은 철철 넘쳐흐르며, 무더운 한여름인데도 깊은 산중이라 선선한 느낌이다.

이곳 오세암 뒤쪽의 마등령 오르는 길 우측 방향으로(가야동계곡 쪽), 봉정암 가는 길이 있을 것 같아 등산로 흔적을 헤드랜턴 불빛으로 샅샅이 살피는데 역시 사람이 다닌 흔적이 겨우 보이며 쉽게 찾아졌다. 이 길이 이곳 오세암에서 봉정암 가는 길이 확실하다. 이제 날도 밝아지기 시작하고 봉정암쪽 등산로와 방향, 산세, 사람이 다닌 흔적 등을 봉정암 쪽으로 200m쯤 들어가서 재확인하고는 이제 됐다 싶어 봉정암 등산로에서 빠져나왔다. 그리고 다시 본격 마등령 쪽 등산로에 들어서 부지런히 올라 마등령에는 새벽 6시에 도착하였는데 온 몸이 땀으로 범벅이 되고 날은 완전히 밝아졌다.

●수렴동계곡(1)

내설악에서 가장 큰 계곡이다. 계곡이 워낙 깊고 넓어 물이 어느 때나 넘쳐흐르고 주변의 기암괴석에 어우러진 울창한 숲은 보기 드문 절경이라 할만하다.

하늘은 구름으로 가득 덮였는데 동녘에는 아침 붉은 노을이 들기 시작한다. 이곳 마등령에서 서쪽으로 뻗은 공룡능선에서는 작년 10월 초 울긋불긋한 가을 단풍을 만끽하며 캠핑하던 그때와 검푸른 녹음이 짙어져 있는 지금의 모습은 작년 가을에 보던 산이 아닌 것 같다. 이런 새벽시간에 마등령에서 혼자 우뚝 서 있으려니 이 큰 설악산을 모두 내가 차지한 듯한 기분이 든다. 그리고 오늘 꼭두새벽 이곳에 오르면서 봉정암 등산로도 확인하게 되어 어저께 우중 위험을 무릅쓰고 봉정암으로 가지 않은 것은 잘된 일 같다고 다시 생각하게 된다.

얼마간 마등령에서 서성거리다가 비선대에는 단숨에 뛰다시피 내려 왔다. 이렇게 하여 이번 답사 등산을 비선대에서 끝내면서 이제는 마음이 좀 여유로워졌다. 비선대에서는 천불동계곡에서 흐르는 찬물에 얼굴을 담궈보며 세수를 하고는 머리도 감고 바위에 걸터앉아 잠시 휴식을 취하는데 이제야 설악동에서 하나 둘 올라오는 등산객이 눈에 띄기 시작한다.

그리고 오늘은 오세암에서 새벽 5시에 출발하여 깜깜한데도 내달 8월에 오를 봉정암 등산로를 확인하였었고, 마등령에서는 한동안 지체했으면서도 이곳 비선대에 3시간(보통 4시간) 걸려 8시에 도착하였으므로 거의 오늘 새벽에 출발하였던 오세암에서 마등령을 달리듯 넘어온 것이다. 이 날 아무도 없는 조용한 산중에 혼자 산행하면서 다음달 여름휴가 때 설악산 캠프를 머릿속에 그려보며 꽤나 기분이 좋아 발길은 더욱 가벼웠었다.

설악산은 워낙 크고 험준하여 분에 넘는 무리한 산행을 하다가는 변을 당하기 쉽다. 나도 항상 조심을 한다고는 하지만 무리를 하는 경우가 가끔 있다.

이번에도 혼자서 〈오세암~봉정암〉 간 새로운 등산로를 찾으려 시간이 늦어 혼자서 외가평에서 오토바이에 매달려 백담사를 지나 오세암 진입 등산로까지 들어오는 소란(?)을 피우면서 서둘렀는데도 비마저 쏟아지고 있었고, 오세암에서 스님이 등산로를 가르쳐 주지 않아 결정적으로 봉정암 쪽 새 등산로에 못 가게 된 것은 오히려 천만다행인 일이었다.

만약 그 날 오세암에서 자지 않고 봉정암으로 갔었다면 첫째로 혼자 깊은 산중에 들어가서 그 날 비가 많이 왔는데 가야동 계곡을 어떻게 건넜을 것이며 그때 늦은 시간에 등산로도 부정확한데 방향을 착오하였을 때 혼자서 대처할 능력이 어느만큼 있었겠나, 그리고 중요한 것은 내 체력은 한계가 있어 강인한 지구력도 없는 처지이다. 이 날 잘못 판단하여 큰 변을 당할 위험요인이 너무도 많았다. 오히려 가지 않은 것이 운이 좋았고 할만하다.

산에서 무리를 하다 보면 자신의 모두를 한꺼번에 잃을 수 있다고 항상 주의 하는데 잘 지켜지지 않는다. 어떻든 무리를 하거나, 무엇인가 잘 안될 때 사고와 연결 될 수밖에 없는 것이다. 앞으로는 무리를 하지 않겠다는 스스로 다짐을 또 하면서 다음 달 8월 휴가 때는 등정 캠핑팀을 단단히 보강 편성하여 이번 조사한 오세암~봉정암간 등반을 꼭 멋지게 실현하리라 기대하게 됐다.

1982. 7. 17.

여름휴가를 즐기는 지그재 종주 캠프

백담사 — 오세암 — 가야동계곡 — 봉정암 — 희운각 — 공룡능선 — 마등령 — 비선대

첫째 날, 새 등산길 초입 오세암에서 머물고

이번 여름휴가는 설악산을 종주하며 새로운 등산로를 찾아들어가 주변을 답사 조망하면서 캠핑을 하려는 것이다.

가야동 계곡에서 용아장성과 공룡능선은 카메라 앵글로 어떻게 보일까.

가야동 깊은 골은 얼마나 아름다운지, 이곳에 가려고 나는 지난달 7월에 이곳 사전 답사차 외가평에서 조급하게 잠시 오토바이 뒤에 매달려 타고 혼자 왔었다(1박2일). 그땐 시간과 날씨가 안 좋아 답사에 실패하고, 마등령만 넘어오게 되었다. 그리고 금년 봄(4월)에는 이곳 내설악에서 가장 험준한 용아장성을 종주하다가 현지정보 부족으로 나로서는 죽을 고생을 하였었다. 바로 그 지역을 답사하는데 통과하게 되어 좀 부담이 되기도 하였다.

이번 산행에는 우선 체력이 튼튼한 등정 팀을 구성하는데 주안점을 두어 내 주변에 가까이 있는 직장 악우(岳友) 중 영주지방청 이기철 과장, 황영수 계장, 본청 김응원 과장, 철도청 설계사무소 장금배 군 등 나를 포함한

다섯 명이 서울 마장동에서 아침 일찍(08:00) 출발, 이곳 오세암에는 17시20분에 도착하여 다음날 이곳에서 봉정암까지(봉정암에서부터의 등산로는 잘 알려져 있음) 가는 산행을 다시 시도하게 되었다.

우리는 오세암에 도착하자 바로 천막을 치면서 우선 오세암 스님에게 가야동 계곡을 횡단하여 봉정암 가는 등산로를 재확인 차 묻고 있는데 마침 이곳에서 다음날 봉정암으로 가려는 두 명의 젊은 스님과 한 명의 보살, 절에 다니는 불자 세 명의 여자 분 등 여섯 명과 동행하기로 하고 우리는 저녁을 일찍 먹고 다음 날 봉정암을 거쳐 공룡능선에 들어갈 긴 산행을 생각하며 일찍 천막에서 쉬기로 하고 첫 밤을 보냈다.

우리가 지금 천막에서 머물고 있는 이곳 오세암은 신라 선덕여왕 12년(643년)에 창건하여 그 당시는 관음암이라 하였고, 조선시대 인조 21년(1643년)중건하여 오세암(五歲庵)이라 하였으며 동란 때 소실하여 이를 다시 재건한 것이다.

그리고 이곳을 오가는 등산객이나 불자를 위하여 따로 방을 만들어 이곳에서 잠자리를 마련하여 주거나 여러 가지 편의를 봐 주고 있다.

둘째 날, 이 번 캠프의 하이라이트 봉정암을 거쳐 공룡능선으로

밖은 아직 어둡지만 우리 일행은 전날 동행하기로 한 여자들과 모두 함께 출발하였다. 이곳에서 봉정암 쪽으로 가려면 우선 마등령을 오르는 방향으로 가다가 우측 길로 들어서야 되므로 마등령 쪽으로 200여m 희미한 길을 더듬거리며 오르다가 어렵지 않게 봉정암 가는 길을 찾아 가야동계곡 쪽으로 갈 수 있게 되었다.

●공룡능선 천화대 부근

이곳엔 기암괴석의 많은 암봉으로 형성되어 있어 마치 하늘의 꽃밭과 같다하여 천화대(天花臺)라 한다.

여기서부터 가야동계곡까지는 산길이 잘 나 있었고 숲이 우거져 용아장성능선은 잘 보이지 않는다. 그러나 용아장성의 옥녀봉이나 오세암 만경대 모습은 높이 솟아 잘 보이고 주변 경관도 역시 멋지다. 뚜렷치 않은 등산로 주변은 한적하고 아늑한 분위기이며, 급한 경사가 아니므로 오르고 내려가는 것이 그리 힘들거나 지루하지도 않다.

뒤에 오는 불자들도 서로 얘기하며 잘 따라 오고 있어 한결 아침 산행이 상쾌하였다. 이런 분위기로 산행을 두 시간쯤 하다 그리 크지도 않은 계곡의 물 흐르는 소리가 들리는 지점에서 커다란 덩치의 바위가 앞을 막을 듯이 버티고 서 있다. 이 계곡이 가야동 계곡이며 동북(컴퍼스) 쪽에는 암봉들이 멀리에 가로막고 있는데 낯이 익어 살펴보니 그 중 높은 봉이 공룡능선의 1275봉(1,275m)이다. 이곳 가야동 계곡은 북쪽으로 장엄한 공룡능선 연봉의 줄기와 남쪽으로 뻗은 용아장성 사이에 흐르는 절경의 이름 높은 계곡이다.

처음 들어선 길이지만 이제 우리의 현재 위치가 확실히 확인되면서 나는 마음에 여유가 생기고 땀도 씻을 겸 동행의 여자들에게 먼저 앞서가라고 하고 우리는 이 계곡의 널찍한 웅덩이(沼)에 들어가 한바탕 목욕을 하며 간식을 먹고 잠깐 쉬었다가 다시 출발하였다. 이 가야동 계곡을 건너 탑골계곡으로 들어가는 길을 따라가면 엄청나게 큰(집 한 채 만큼) 바위가 계곡 옆에 버티고 서 있다. 이 바위에 누군가 큼직하게 붉은 페인트로 「나무아미타불」을 써 놓았다. 이를 눈여겨보며 이 깊은 산중을 지나는 중생에게노 부처님의 자비가 있으리라는 생각을 하니 흐뭇하게 느껴졌다.

이곳에서 계곡을 따라 좀 오르다 깎아지른 바윗골(양쪽 바위 사이)이 나타나는 데서 더 올라가 희미한 발자취가 있는 눈향나무 군락지를 통과하게 된다. 이끼 낀 바위 너덜지대에서는 이 길인지 저 길인지 혼란스런 곳이 있으나 조심하여 세심하게 발자취를 확인하면서 오르다 보면 용아장성 능선

●수렴동계곡의 용아장성

설악산에서 가장 험준한 이 능선은 수렴동계곡과 가야동계곡 중간에 뻗어 내려있으면서 양 계곡은 이 능선을 설악산에서 가장 빼어난 풍치로 만들어 주고 있다.

가까이에 들어선 등산로임을 알 수 있다. 계속 세심한 주의를 하며 좀 더 오르다 보면 사람들 발길 흔적이 뚜렷해지고 양쪽에 솟은 바위 틈 능선에서 봉정암 청기와 지붕이 보이면서 바로 봉정암 탑 있는 곳에는 12시에 도착하게 되었다. 그러니까 6시간이나 걸렸는데 만약 수렴동 쪽에서(탑골계곡에서) 오는 길로 들어섰더라면 고생도 덜하고 일찍 도착하였을 텐데 가야동계곡에서 계속 용아장성으로 붙어 올라와 더 힘겨웠었던 것 같았다.

우리는 오세암에서 함께 동행하였던 젊고 예쁜 스님과 불자들하고 작별

인사를 하며 이곳 봉정암에서 점심을 지어먹는데, 이곳에는 각지에서 모여든 불자와 등산객들로 꽤나 소란하였다.

우리들 오늘 캠프지는 공룡능선 중간지점이므로 앞으로 갈 길이 멀어 이곳에서 장시간 지체할 수 없었다. 점심을 먹고 14시쯤 출발하여 바로 대청봉 쪽 급경사 길에 붙어 오를 때는 배낭이 무거워서인지 힘이 달려 숨이 차고 땀이 금방 솟기 시작한다. 조금 오르다가 좌측 희운각 쪽 샛길로 들어서 두어 시간 만에 희운각에 도착하여 잠깐 쉬고 바로 무너미고개 능선을 거쳐 공룡능선으로 들어서게 되었다.

작년 가을(1981. 10)에 김정옥 소장(철도청 설계사무소) 등 천막 2팀(8명)이 이 능선으로 가는 중에 희운각에서 모두 힘들어 못 가겠다고 반기를 드는데도 내가 고집하여 강행하였던 생각이 떠올라 씁쓸한 웃음이 지어진다. 우리는 아직 늠름한 걸음으로 공룡능선 신선대 가파른 경사 길도 쉽게 오르고 잠시 후 신선대 우회 비탈길에서는 시야가 확 트이면서 공룡능선의 원경 파노라마가 펼쳐지기 시작한다. 작년에 이 자리에서 보았었는데도 지금 또 새삼스럽게 눈이 의심스러울 정도로 아름다운 정경에 절로 탄성이 나온다.

"역시 설악은 공룡이구나!"

우리는 이곳에서 사진도 찍고 간식을 하며 쉬었다가 또 한참을 더 가서 캠프장에 도착하기 직전에 1275봉 밑에서는 배낭을 모두 내려놓고 확보용 보조자일(20미터)을 사용하면서 1275봉 정상에 올랐다. 이곳에서 내외설악산 전경을 조망하면서 이 지구상에 또 다른 데에 없을 천화대의 절경에 매료되었던 그 감회는 두고두고 잊지 못할 기억으로 남을 것이다.

이곳 정상에서도 함께 사진을 찍고 내려와 오늘 캠프장으로 걸음을 서두르기로 하였다. 나는 이곳 공룡능선을 네 번째 등반하여 이곳 주변의 산세나 암봉들은 모두 눈에 익숙해 있다. 이제 천화대 범봉이 눈에 들기 시작하면서 캠프장(천막 2개 칠 정도)에 가까워질 때 나는 우선 능선 아래 쪽에 내려가서 조금씩 흐르는 먹을 물이 고여있음을 확인하고는 마음이 놓였다. 이곳은 갈수기 물이 없을 때는 야영이 곤란하다. 우리는 어둡기 전에 서둘러 한편으로 천막을 치면서 물을 길러 와 저녁을 짓는데, 벌써 저녁 8시가 되어 하늘은 어두워지고 설악동 쪽 야경 불빛이 반짝이기 시작한다. 천막 장소가 능선이 되어 밤바람도 불고 싸늘해져 천막 안에서 저녁을 간단히 지어 먹게 되었다.

천막 안에 다섯 사람 잠자리는 좀 좁은 공간이나 서로 몸을 맞대어 자야 될 형편이다. 그래도 새우잠이지만 피곤해서인지 눕자마자 모두 곧바로 꿈속으로 빠져들어 갔다.

셋째 날은 부지런히 하산해서 집으로 가는 날

이번 산행 루트는 내외 설악을 가로질러 공룡능선에서 설악 전경을 조망하며 그 곳에서 캠핑하는 것으로 계획을 세워 거의 차질 없이 실행한 것이다.

공룡능선은 대청봉에서 마등령으로 이어지는 북주능선의 약 7km 암봉 연속인 험한 능선이다. 능선에서 정상(대청봉)을 향하여 왼쪽으로는 외설악 천불동계곡, 오른쪽으로는 내설악의 가야동계곡을 끼고 용아장성의 절묘한 암봉이 솟아있다. 이 능선의 극치인 천화대를 발치 아래로 볼 수 있는 곳에서 천막을 치고 여름밤을 지새며, 내외설악 전경을 만끽할 수 있는 설악산 중앙 위치에서 캠핑을 하였으니 이번 한여름 휴가가 우리에게는 멋진 플랜(plan)이었다고 생각된다. 귀경해서는 이번 산행에서 얻은 얘깃거리가 많아지게 되어 모두 흐뭇한 기분으로 새벽 6시30분에 일어나 아침을 먹고 천막을 철거하여 라한봉, 마등령을 거쳐 금강굴, 비선대로 내려오며

●강인한 체력으로 구성한 이번 멤버

이번 종주 산행은 잘 알려지지 않은 처음 찾아가는 코스도 있고, 산행시간이 길어 우선 강인한 체력의 멤버로 구성하였다. 이 사진은 공룡능선을 나오며 마등령에서 찍었음.

점점 멀리 보이는 공룡능선 자락을 뒤돌아보고는, 저 긴 능선에서 힘들었던 산행과 지난밤을 보낸 기억이 떠오르면서 가슴이 뿌듯해짐을 느꼈다.

비선대에 내려와서는 천불동 맑은 계곡물에 세수를 하고 잠깐 쉬다가 설악동으로 내려오면서 늘 가까이 지내는 청운정에 들렀더니 김동각 사장이 무척 반긴다. 우리는 이곳에서 간단히 도토리묵에 거나하게 막걸리 몇 잔 하고 설악동으로 내려와 곧바로 서울행 버스를 타게 되었다. 버스는 얼마 후 한계령 고개에 들어서 남설악 만물상이 바로 눈에 들어온다.

우리는 이번 여름휴가를 설악산에서 2박3일 짧은 기간인데도, 새로운 등산로에도 들어서 지그잭 종주 산행을 실행한 행적이 꿈만 같았던 기억으로 되살아나, 그저 흐뭇한 기분으로 피곤한 몸을 버스 차창에 기댄 채 귀경하였다.

1982. 8. 10.

절경의 공룡능선으로 연이은 등반

설악을 가른 공룡 용트림능선

금강산을 일컬어 세상에서 가장 아름다운 명산이라고 하기도 한다. 그럴 만 하기도 하나 설악산 또한 그에 못지않다. 오히려 금강산보다 산수의 수려함이 빠지지 않으며 또한 한편 가까운 거리에서 어느 때나, 누구나 아름다운 경관을 만끽할 수 있어 훨씬 좋다고 생각한다.

나는 틈이 날 때마다 설악산에 자주 들면서 나름대로 이 산에 친밀감 같은 것도 느끼게 되어 한 때는 이 산에 오지 않고는 못 견딜 정도였었다.

눈을 감고 설악산 절경을 상상만 해도 즐겁기만 하다.

묵직한 등짐 배낭을 메고 외설악의 계곡으로부터 더듬어 올라가면 운무 속에서 어여쁜 봉우리들이 멀리서부터 반기곤 한다. 추억 속에 연인을 그리듯 낯이 익은 깊은 계곡과 능선, 그리고 깎아 세운 연봉들을 마음속으로라도 그리며 가끔 몽상 등반을 하기도 한다.

설악산의 진목을 보여주는 공룡능선은 내설악과 외설악을 가르는 북 주능선이며, 마등령에서 대청봉 북쪽으로 신선봉까지이다. 마등령 부근에서 대청봉 쪽으로 이 능선을 보면 마치 용이 꿈틀거리는 공룡 용트림과 같아 공룡능선(恐龍稜線)이라 붙여진 이름이며, 역시 산세도 그 생김처럼 험준하기도 하다. 해가 지거나 뜰 때 이 능선의 위용은 더욱 장엄하고 신비스럽게 보이는 반면 능선 주변 계곡이나 봉우리들은 고요 속에 잠겨있게 된다.

공룡능선은 기록에 의하면 1971년 서울 문리대 산악회팀 20여 명이 초등하였다 하며 그 이후 설악산을 자주 오르는 산악인이 가끔 이 능선을 종주하였으나 최근에는 점점 이 능선에도 적지 않은 등산객이 늘어나고 있다. 그러나 아직까지는 비교적 자연보존이 잘된 편이라 할만하며 희귀한 솜다리(에델바이스)도 암벽에서 가끔 보인다.

이 능선을 종주하다 보면 전 설악산의 너른 산세를 쉽게 익힐 수 있고 내외설악의 장관을 평면이나 입체적으로 모두 한눈에 조망할 수 있으며, 이 능선 위의 많은 침봉이나 절묘한 만물상 같은 암봉들은 아득한 역사를 거쳐 오며 지금 이곳을 지나는 등반객을 지켜보는 듯하기도 한다.

나는 지난해(80년) 이 능선을 처음 등정하다가 주변 절경에 매혹되어 금년(81년)에는 연이어 3회에 걸쳐 탐색등반을 하게 되었다. 처음 1차 등반(81. 8. 9)은 여름휴가 기간을 이용하여 암벽장비 일부를 갖추고 학교 후배 클라이머인 김성호, 박긍내 군과 함께 셋이서 충분한 시간여유를 갖고 주능선 릿지 모두를 등정하며 산세 파악에 주력하였다. 그로부터 한 달 후(81. 9. 12) 2차 시에는 추석 연휴를 맞아 혼자 와서 첫날은 오색에서 대청봉을 넘어 희운각대피소에서 자고, 다음날 새벽에 이 능선에 들어갔는데, 이때는 혼자이므로 산행을 오붓하게 즐기며 주로(走路)를 더 확실히 익히고, 특징 있는 경관은 촬영하면서 또 그때 감상을 메모도 하는 등 느긋하게 가다가 이 능선 중간에서 예상치도 않은 주로를 이탈하게 되었었다.

이때 설악골 깊은 계곡으로 빠져 그곳에서 또 낙상하여 혼자서 사경을 헤맬 뻔 하였으나 다행히 부상도 경미하였고 독도법으로 무사히 천불동계곡으로 빠져 나올 수 있었다.

다시 한 달 후(81. 10. 3) 3차 시는 10월초 연휴를 맞아 직장의 선후배 7명과 함께 천막 2조(4명씩)를 편성하여 이 능선에서 하룻밤 야영을 하며 여유있고 참으로 즐거운 등반을 하게 되었다.

이때는 마침 설악의 만산홍 가을단풍절기로 모처럼 가까운 선후배간 따뜻한 우정을 느끼며 이곳 공룡능선에서 아름다운 가을풍광을 맘껏 즐기게 되었었다.

공룡능선 절경 속으로

공룡능선은 중간에서 보다는 마등령이나 희운각 등 양쪽 끝에서 오르는 것이 좋다. 가야동계곡이나 설악골 등 중간계곡에서 오르내리는 것은 위험하고 경관도 그리 좋지 않다. 마등령과 희운각에서 들어가는 주로는 비교적 안전하고 등정로가 뚜렷한 편이다. 그러나 주능선을 따라 가다 잘못하면 중간에서 좌측(마등령을 향하여)으로는 가야동계곡, 우측으로는 설악골 또는 잦은바위골로 빠지기 쉬워 초행자는 특히 주의를 하여야 한다.

공룡능선은 약 7km이며 소요시간은 주행방법, 주행로의 선택, 그 목적에 따라 다르다.

별다른 목적 없이 보통 걸음으로는 5시간 소요되나 서두르면 4시간에도 가능하다. 그러나 산세를 살피고 주변의 아름답고 신비스런 풍치를 감상하며 느긋하게 암봉까지 오르내린다면 2시간쯤 더 가산하면 될 것이다. 그리고 이 능선 중간쯤 1275봉에서 희운각을 향하여 가야동계곡 쪽으로 약 30m 내려가서 졸졸 흐르는 많지 않은 물이 있어 이를 식수로 이용할 수 있으나 갈수기에는 마르므로 미리 출발지에서 개인별 식수를 필히 휴대하

●**수렴동 계곡(2)**

수렴동 계곡은 유수 면적이 넓고 경사도 완만하며 상류에는 구곡담, 백운동 계곡이 있고, 물도 많아 어느 때나 시원하고, 내설악에서 제일가는 계곡이다.

여야 한다. 그리고 이곳 식수가 있는 능선부근에서 천막 2~3동 겨우 야영할 수 있는 자리가 있으며 이때 식수문제를 유념해야 한다.

보통 공룡능선을 등반할 때 너른 주변 경관을 조망하기로는 희운각 쪽에서 들어가는 것이 좋다. 그렇게 희운각 쪽에서 들어 갈 때 우선 희운각 아래 무너미고개에서 출발하여 북쪽 방향 직진으로 50여m 오르다보면 가파른 등산로에 들어서 신선봉(1,210m)으로 오르게 된다. 이곳 정상에서는 주위의 경치가 무척 아름다워 처음에는 누구나 절로 탄성이 나오게 된다. 그러나 이곳은 좀 위험하므로 오르내리는데 안전상 세심한 주의를 하여야 하며 암벽에 익숙지 않거나 자신이 없다면 우회하면 된다.

한편 신선봉을 우회하자면 처음 출발 지점인 무너미고개에서 반좌측 가야동계곡 쪽으로 내려가다가 점토질 길을 따라 전진하다 보면 비탈진 암반길에 들어서게 된다. 이곳에서는 북쪽 방향으로 이 능선상의 침봉이나 암봉이 눈에 들기 시작한다. 이 지점이 바로 앞에서 신선봉을 우회한 공룡능선 통로격인 본 등정로에 진입한 곳이기도 하다. 이곳에서는 북쪽으로 멀리 보이는 공룡능선 봉우리 무리들이 마치 거대한 성곽을 연상케 하거나 연극무대 배경에 그려진 그림과 같이 보이기도 한다. 이곳에서부터 진입하며 펼쳐지는 이 능선상이나 너른 주변 설악산 장관들을 어떻게 말이나 글로 표현할 수 있을까. 참으로 다시금 창조주에게 이 신비한 경관을 보며 감사하게 되고 그리고 이들 신비한 경관을 오래도록 가슴에 간직할 수 있기를 다시 바라게 된다.

신선봉 부근 암능을 걸쳐가게 되면 이곳에서부터는 잡목을 헤치며 급한 경사길로 들어서게 된다. 그리고 짧은 능선길이 이어지다가 점점 이 능선 중간쯤에 들어서며 좌측으로 천화대 능선과 가까워지고 천화대의 육중한 암봉이나 오밀조밀한 침봉들이 시야를 가득 채워준다. 천화대능선은 공룡주능선에서 동북쪽으로 뻗어있고 외설악의 기암준령이기도 하며 마치 천상에서 꽃밭을 이루고 있다 하여 천화대(天花臺)라는 이름이 붙혀졌다고 한다. 이곳에는 서울의 북한산 인수봉과 모양이나 크기가 비슷한 거대 암봉이 우뚝 서 있는데 이를 천화대 범봉이라 하며 설악골에서 오르내리는 바

● 용아장성 가을 (2)
기암괴석의 연봉으로 설악산에서 가장 험준한 이 능선은 가을 풍치 또한 빼어나다.

위꾼들이 이 암봉을 즐겨 오른다. 이곳 범봉에서 1977년 대한산악연맹에서 에베레스트 등정 훈련 중 세명의 꽃다운 청춘이 희생된 곳이기도 하다.

천화대 범봉 위쪽으로 공룡능선에서 최고봉인 1275봉에 올라서서 천화대나 전 설악산을 내려 보게 되면 훨씬 운치가있다. 그리고 해질녘이나 달밤의 범봉은 마치 큰 호랑이가 의젓하게 앉아 있는 모습과 같다. 이 1275

봉에서는 남쪽으로 멀리 대청과 중청, 소청봉이 조그마한 동산처럼 보이고 희운각 쪽으로 연결된 우뚝 우뚝 서 있는 기암괴석이나 침봉들, 그리고 가야동계곡 건너편에 용아장성의 깎아 세운 듯한 침봉들, 또 수렴동과 백운동 계곡을 이룬 서북 주능선도 멀리 발치 아래로 모두 보이지 않는 것이 없다.

이 1275봉에서 희운각 쪽으로 조금 떨어진 능선 위에는 잘 살펴보면 야영한 흔적이 있는 장소가 있다. 만약 이곳에서 야영을 하게 된다면 공룡능선 종주산행에서는 만족할만하여 최상의 경우라고 생각한다. 역시 등반은 어떻게 하느냐에 따라 성취 정도가 전연 다르므로 형편에 따라 가능하면 내실이 있는 산행을 계획하고, 실행하는 것은 산을 자주 찾는 이에게는 대단히 중요한 일이다.

이곳 최고봉인 1275봉은 누구나 오를 수 있는 바위 틈새가 있다. 이곳을 오르려면 우선 배낭을 모두 밑에 일단 내려놓고, 가벼운 몸으로 조심하며 10분쯤 우측(희운각 쪽에서 오름)으로 40~50m 오르면 정상에 올라서게 되며 이곳에서는 설악산 전경을 중심점 위치에서 거의 모두 조망할 수 있다. 이곳이 아니면 내외설악을 한 자리에서 자세하게 볼 수 있는 곳이 다른 데는 없다. 그러므로 바로 이곳에서 또 탄성을 하며 '공룡능선 하이라이트'라고 하기도 한다.

이곳 1275봉 아래 닿을 듯한 거리에는 천화대 연봉과 천불동 계곡이 있고, 양폭 앞쪽의 만경대능선에 이어 화채봉능선, 그리고 멀리 동해바다에 떠있는 어선까지 가물가물하게 보이는 등 거의 안 보이는 것이 없이 모두가 지근거리에서부터 원근이 적절하게 배치되어 있다.

공룡능선에서 만약 이곳 1275봉을 거치지 않았다면 공룡능선은 물론이고 설악산을 등정한 의미가 별로 없다 하겠다. 왜냐하면 이곳에서 설악산 산세를 어느 만큼은 살피게 되면 그제서 야 이 산에 대한 이해가 되기 때문이다. 이 봉우리 정상은 좁은 절벽이므로 내려갈 때는 더 조심해서 올라왔

●공룡능선 가을
(김영관 회장과 함께)
기암괴석의 연봉으로
설악산에서 가장 험준한
이 능선은 가을 풍치
또한 빼어나다.

던 데로 다시 내려가면 된다.

이렇게 하여 1275봉을 거쳐 내외설악을 살피고 내려오게 되면 공룡능선 등정은 거의 끝난 것이나 다름없다. 이제 이곳까지 거쳐 온 풍치나 산세를 되새기며 마등령 쪽으로 가다가 보면 라한봉(1250m)을 우회하게 되는데 이 봉은 그리 특징이 없고 이곳에 들어서 드디어 공룡능선 종점인 마등령에 가까워졌음을 알 수 있다.

또 가나보면 눈측백나무 너덜지대에 이끼 낀 바위가 있다. 이곳을 조심하여 밟으며 내려가다 경사진 숲길이 나타나며 마등령 야영지로 들어서게 된다.

이렇게 하여 남쪽 무너미고개에서 출발하여 이곳 마등령까지 공룡능선의 종주를 마치고 마등령에서 비선대 쪽으로 하산하면서 공룡능선을 옆 방향

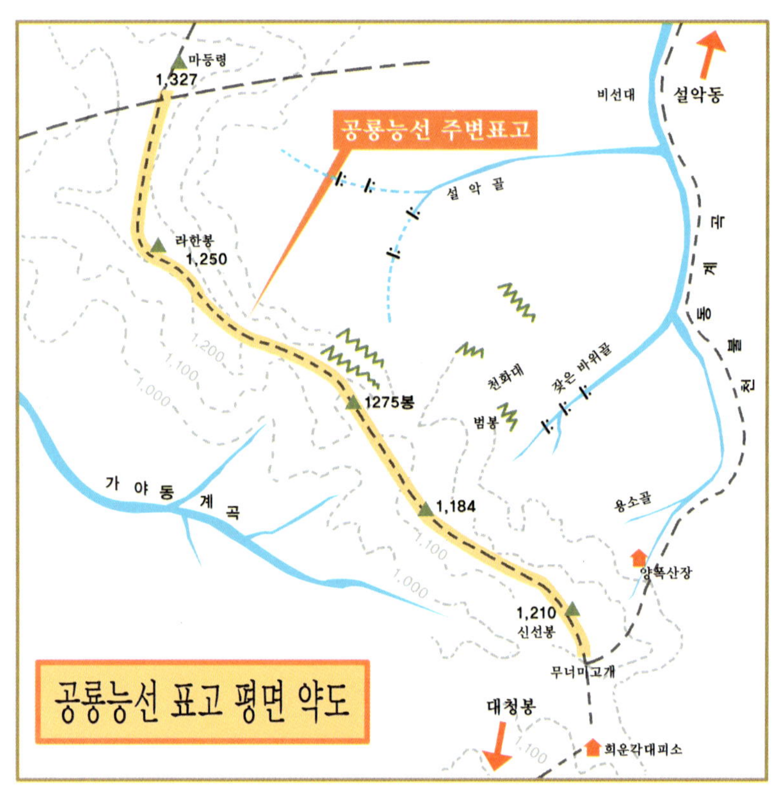

으로 다시 바라다보게 된다. 이때 공룡의 등허리에 오뚝 솟아 있는 1275봉 위용과 설악골 깊은 골짜기를 거슬러 올라 넓게 펼쳐진 천화대 연봉들이 시야에 가득 들어올 때면 새삼 멋진 산행이었다는 쾌감을 맛보게 된다.

1981. 10. 15

한여름 밤 추위에 떨었던 화채능 야영

백담사 — 영시암 — 마등령 — 공룡능선 — 대청봉 — 화채능선 — 권금성

영시암(永矢菴) 계곡에서 첫 날 밤을

최근 매일 30°를 넘는 찜통더위였지만 우리는 이번 여름휴가를 설악산 내외설악에서 본격 산행을 하려고, 본청 홍순구 과장, 이기철 과장, 장기주 담임, 나와 넷이 3박 4일 일정으로 서울에서 12시 30분 버스 편으로 출발하게 되었다.

원통에서 내려 점심을 먹고 다시 택시 편으로 용대리 외가평을 거쳐 백담사 앞까지 가서 이곳에서부터 서둘러 묵직한 배낭을 각자 메고, 오후5시 넘어 산행을 시작하는데 워낙 더운 날이 되어서인지 주위가 한적하다. 백담산장 근처 개울가에는 천막이 드문드문 보이기 시작하고 이곳에서 젊은이들이 라디오를 크게 켜 놓고 기타 치는 소리까지 간간이 들려온다.

우리 일행이 백담산장 앞을 지나갈 때 하필 용아장성능선에서 추락사한 젊은 여자 산악인 시신을 들것으로 옮겨와 운구 자동차를 기다리며 젊은 구조대원들 몇 명이 웅성거리고 있다. 나는 그냥 지나칠 수 없어 잠시 사고 내용도 물어 보고 시신도 보게 되었는데 마음이 갑자기 무거워져 오고, 유

명을 달리한 젊은 산악인 운명이 결코 남의 일같이 느껴지지 않는다. 한동안 길을 가면서도 그 모습이 떠오르며 한때 나도 용아장성에서 위기를 극복하던 생각이 연결되기도 한다.

내가 재작년(82. 4.) 바로 이 용아장성에서 밤늦게 탈진하여 길을 헤매던 사고(?)를 당했을 때 운이 좋아 무사히 빠져나왔었지만 용아장성능선은 다른 능선보다 위험성이 많아 사고가 수시 발생하므로 특별히 유의해야 하고, 한번의 실수도 산에서는 용납하지 않는다. 참으로 귀한 젊은 생명이 너무나 안 되었다.

고인의 명복을 마음속으로 빌면서 우리는 이런저런 얘기를 해 가며 수렴동계곡 쪽으로 한동안 올라가는데 벌써 해는 서산에 기울기 시작한다. 더 가다가 곰골 앞을 지나 영시암지 부근 계곡 중간에 이르러 소나무 몇 그루 있는 섬처럼 생긴 개울 중간 위치에서 이날 저녁야영을 하기로 하고, 벌써 어두워져 플래시를 비춰가며 천막을 치면서 저녁밥을 서둘러 지어먹고는 개울에서 손발을 씻고, 바로 천막에 들어가 넷이서 누웠는데, 개울가가 되어 천막 밑바닥에 자갈이 등에 배겨 좀 불편하였으나 그냥 참고 자기로 하였다.

지금 이곳 밤하늘은 온통 총총한 별들이 반짝이고 계곡에 흐르는 물소리와 소나무 숲에서 간간이 들려오는 바람소리, 오랜만에 이런 새롭고 신선한 장소에 잠자리를 마련하였으니 꿈인지 생시인지 잠이 오지 않을 것만 같다. 그렇게도 기다리던 설악산에서 첫날밤이 되어 더욱 그랬나 보다.

나는 어느 때나 산에서 잠을 자는 첫날은 대자연의 품속으로 심신이 포근하게 푹 빠져들어 가며 복잡한 세속에서의 잡념은 쉽게 잊혀져 버린다. 이렇게 좋은 잠자리이지만, 이제 내일의 산행을 대비하여 억지로라도 잠을 빨리 자야겠다고 눈을 감고 잠을 재촉해 본다.

●동해에서 밀려오는 설악산 운해

내외 설악을 모두 덮으려는 운해가 외설악 설악골과 칠형제봉 능선에 접근해 오고 있다.

공룡능선 1275봉 아래서 둘째 날 밤

오늘 산행은 거의 10시간은 해야 하므로 그리 쉽지 않을 것 같다. 새벽부터 서둘러 아침 식사를 마치고 천막을 철거하여 출발하는데 모두 아직은 발걸음이 가벼운 듯하다.

계곡을 벗어나 오세암 쪽으로 들어서는 등산로는 이제부터 경사가 급해져 가는데 아직은 새벽녘이 되어 해는 없으나 숲속에 산길은 그래도 훤하게 트여 있고, 오르는 길 옆 천막 사이트에는 몇 동 천막이 설치되어 있으나 아직은 꿈속에 헤매는지 모두 조용하기만 하다.

이곳에서 오세암까지는 두어 시간 더 올라가야 하는데, 중간 중간에 맑은 물이 흐르는 곳에서는 개울에 입을 대고 빨아 마시면서 가다 보니 아침 기분이 한결 상쾌해진다. 우리는 시간을 재면서 체력에 무리가 가지 않도록 차근차근 오르는데 벌써 두 시간 가까이 되어 아침 8시에는 오세암 만경대에 도착하여 이곳에서 한 시간쯤 내설악 전경을 조망하면서 쉬게 되었다.

설악산에는 전망이 좋은 만경대(萬景臺)가 5개 소가 있는데 이곳 오세암 만경대에서는 가야동계곡, 용아장성, 공룡능선 등 내설악 장관의 전경을 모두 한자리에서 볼 수 있는 유일한 곳이기도 하다. 오랜만에 내설악의 장관을 훑어보는데 속이 후련해졌다.

우리는 이곳 만경대에서 내려와 오세암에 들러 잠깐 쉬고는 또 마등령 깔때기에 오르면서는 더 숨이 차고 땀이 솟기 시작하여 옷에 땀이 범벅이 되었다.

11시 조금 넘어 마등령에 도착하여 점심을 먹고 14시쯤 공룡능선에 들어서기 시작하여 라한봉을 옆으로 돌아가는데 이때부터 바람이 갑자기 세차게 불어, 몸이 공중에 뜰 정도였으나 주의하여 능선을 계속 오르내리면서 주변 경관도 살피며 16시쯤 되어 이 능선에서 가장 높은 1275봉(높이 1275m) 가까이에 도착하게 되었다. 이 봉우리 정상에는 내가 여러 번 올라간 경험이 있어 이번에도 모두 함께 올라가도록 자일을 사용하여 조심하면서 올라섰는데 이 날은 바람이 부는 날인데다 고봉(高峰)이 되어서인지 몸이 공중으로 날릴 정도로 세찬 바람이 되어 정상에서 오래 머물지 못하게 되었다. 그러나 우리는 이곳 봉우리에서 너른 설악산 내외 설악 모두를 뒤져보고는 바람이 자는 아늑한 곳으로 내려와 간식을 먹고 얼마간 푹 쉬었다. 이제 이곳에서 조금만 더 가면 오늘 야영지에 도착하게 되므로 마음이 여유롭고 즐거워졌다.

우리는 쉬던 데서 조금 더 가다 18시에 예정대로 오늘의 공룡능선 야영지에 도착하였다. 오늘 산행은 처음 계획한대로 잘 진행되어 모두는 매우 유쾌한 기분으로 거의 피로를 느끼지 않고 곧바로 천막을 치며 물도 길러오고 저녁식사를 준비하면서 꽤나 숙련된 듯한 막영 팀웍을 넷이서 유연한 동작으로 할 수 있었다. 이 야영장에서 내가 세 번째 야영을 하게 되었지만 이날 야영도 전연 새로운 기분이었다.

이 날은 바람이 몹시 부는 날이 되어 천막 속에서 저녁을 지어먹고 잠시 쉬다가 바로 잠자리를 마련하였다. 밖에서는 세찬 바람이 불어 요란한 바람소리에 옆에 서 있는 암봉이라도 날릴 듯 하다. 천막 밖으로 나아갈 생각도 못하고, 바로 우리는 천막 안에 넷이서 나란히 누워 내일 산행얘기를 하다 모두 피곤해서인지 하나 둘씩 잠이 들었나 하였다가 잠시 후 다시 새 찬 바람소리에 모두 깨어나게 되었다

이 날은 보름날(음7.15)이 되어 바람은 소란하게 불지만 환한 달빛이 천막을 비춰줘, 마치 시샘하는 매서운 여심의 시선이라도 천막에 쏟아지듯 차갑게만 느껴지고, 천막 밖에서는 무슨 일이라도 일어나지 않을는지 저 달빛과 바람소리가 밤잠을 설치게 하고 있다. 얼마간 시간이 지나 옆에 누운 친구들은 하나씩 깊은 잠에 빠져 가고 나는 자꾸 소란해져 가는 바람소리에 잠은커녕 공상만 이어지고 잠을 청해도 소용없다. 지금 이 시간 자정도 지났는데 이제 서울에 있는 가족들 얼굴이 하나하나 떠오른다. 모두가 대견스럽고 가장 소중한 나의 사랑이려니…. 이곳 공룡능선 중간에서 오늘 밤을 보내고 나면 언제 또 이곳에 다시 오게 될는지… 내일은 화채능선에서 야영을 하는데 차질 없기를…. 그런 생각을 하며 몇 시간만이라도 잠을 자려고 억지로 달아나는 잠을 청해본다.

청산은 나를 보고 말 없이 살라하고
창공은 나를 보고 티 없이 살라하네
사랑도 벗어놓고
미움도 벗어놓고
물처럼 바람처럼 살다 가라하네.

<중국 당나라 한산 스님의 시>

●용아장성의 기암 괴석
이 능선의 용의 이빨과 같은 기암괴석은 신비롭게도 생겼지만 그 만큼 험준하다는 것을 보여주는 것이다. 이곳에서 수시 등반사고가 발생하는데 필자도 이 능선 초행 때 사전에 현지 파악 미흡으로 사고를 겪을 뻔하였다(1982.4.4).

한 여름에 밤새 추워 떨던 화채능 야영

오늘은 설악산에 온지 셋째 날로 대청봉을 거쳐 외설악 화채능선(1,320m)에서 야영하는 날이다. 어저께는 그렇게 세찬 바람이 불더니 지금은 언제 바람이 불었었는지 이날 아침은 조용하기만 하고, 동녘에서 떠오르는 햇살이 범봉 정상 끝 부분부터 비추기 시작하는 이곳 정경은 참으로 우아하고 신비스럽게 보인다. 우리는 새벽에 일어나 아침을 라면으로 간단히 끝내고 천막 바로 아래쪽에 보이는 천화대(天花臺)의 우람한 범봉이나 주변 암봉의 풍경을 조망하면서 7시에 출발하여 희운각, 대청봉, 화채봉 순으로 가는 것이다. 우선 물이 있는 곳으로 내려가 수통에 물을 채우고 희운각쪽 숲길에 들어섰다.

오늘 스케줄은 이번 산행에서 우리에게는 고비이다. 대청봉까지 오르는

데는 많은 에너지를 필요로 하고, 컨디션이 좋아야만 되겠다고 생각하나 아직은 괜찮은 것 같다. 산에서 벌써 이틀간이나 숙식을 하였으므로 식품류 무게가 상당히 줄어 배낭의 등짐이 훨씬 가벼워졌다. 아침에 물 터에 가다가 가야동계곡 쪽으로 길을 잘못 들어 잠시 헛걸음을 하였으나 다시 희운각 쪽 능선으로 되 올라와 얼마 안 가서 우리는 신선봉 밑에 도착하여 배낭을 내려놓고 빈 몸으로 조망권이 트인 신선봉 정상(1,210m)에 올라서 이곳에서 외설악 전경을 조망하게 되었다. 역시 아침햇살의 외설악 절경은 조물주의 신비를 다시금 감탄하게 하며 넋을 잃을 만큼 바라보게 된다. 다시 내려와서 배낭을 메고 무너미고개를 거쳐 희운각 산장에 도착하여 한동안 이곳에서 쉬게 되었다.

이곳 희운각 산장 뒤쪽에서 대청봉으로 오르는 샛길은 급경사이므로 이곳에서 푹 쉬면서 체력 조절하는 것도 필요하기 때문이다. 나는 이곳 지리 조건에 비교적 익숙하여 이번 산행도 리드하는 입장이므로 만약을 대비하여 일행 중 체력에 문제가 생기지 않도록 많은 배려를 하지 않을 수 없었다.

이곳 산장에서 30여 분 이상을 쉬었다가 출발하였는데 역시 대청봉 오르는 이 길은 급경사 길이므로 모두는 힘겨워 하며 발길을 무겁게 내딛는다. 대청봉 쪽 높은 지대로 조금씩 오르면서 우리가 종주하였던 공룡능선이 모두 한눈에 들어오기 시작하고 속초 쪽 동해바다에서 운해가 끼면서 그 운해가 공룡능선을 넘어 내설악으로 퍼져가는 새로운 정경이 펼쳐져 참으로 신비하게 보여진다. 운해가 공룡능선을 넘어갈 때는 마치 큰 물결처럼 파도와 물줄기를 만들면서 능선 위를 흘러간다. 대청봉 정상까지는 아직 반도 못 왔는데 모두는 힘겨워하기 시작하고 장기주 담임은 머리가 아프다고 호소한다. 그래서 아예 더 여유롭게 쉬면서 천천히 가기로 하고 전망이 좋은 장소에서는 운해가 흘러가는 내외설악 신기한 전경을 오랫동안 조망하

●가야동계곡에서 본 용아장성 능선
거의 모든 산은 보는 위치에 따라 그 모양이 전연 다른 경우가 있다.
이 능선을 이곳 가야동 계곡 쪽에서 보면 어느 곳에서 보다도 용의 이빨(齒牙)과 같은 실감이 더 있어 보인다.

면서 간식을 곁들이기도 하였다.

이렇게 쉬면서 느긋이 오르는데도 이틀 간 산행에서 체력이 많이 소진된 데다 또 나이도 적지 않아 체력회복이 젊었을 때와는 사뭇 달라 더 힘에 벅찬 듯 하였다. 그러므로 할 수 없어 더 천천히 올라 이번 산행에서 최고봉인 대청봉에는 13시30분에 도착하였으므로 6시간 하고 30분이 더 걸렸는데 꽤나 힘에 벅찼던 것 같다. 그래서 인지 대청봉(1,708m)에 첫 발을 디디면서 "대청봉이다!" 외치며 이제껏 힘겹게 오르며 겪은 긴 고통이 한 순간에 사라지고, 기쁜 승리감이라도 얻은 듯하였다.

공룡능선을 덮은 운해는 이제 이곳 대청봉으로 가까이 접근하면서 점점 바람이 세차게 불어오기 시작하고 기온도 떨어져 쌀쌀해져 간다. 이 날은 의외로 등산객이 별로 눈에 띄지 않는다. 우리는 대청봉 산장 안으로 들어가 나는 관리인 이옥모 씨와 오랜만에 만나 인사를 나누었다. 그 산장 안에서 한참을 쉬었다가 밖에 나와 보니 안개가 가득 끼었는데 빗방울이 바람에 날리고 있다. 비바람 속에 우리는 이곳 화채능선 초입부근 나무숲에 판초 우의를 치고 빗속에 점심을 지어먹고 15시30분에 서둘러 화채능 숲속 등산로에 들어서 비를 맞으며 오늘 야영지로 가게 되었다.

화채능 등산로는 거의 숲속에 가려져 있어 이 날 비바람은 나무숲이 조금 막아 주었으나, 풀숲에서 떨어지는 빗물 때문에 옷이나 신발은 바로 흠뻑 젖어 질척해지는데 땀까지 흘러 물 범벅이 되어 버렸다. 화채봉 근처까지 두어 시간 가는데 비는 그치지 않고 계속 내린다. 이제 배낭까지 모두 젖은 상태에서 오늘 야영지인 화채봉 근처에 도착하여 마땅한 천막 칠 장소를 찾게 되었다. 마침 능선 옆으로 커다란 암벽 밑에 비바람 막이가 될 듯한 제법 좋은 장소가 있어 이곳에 천막을 치려하였으나 윗부분 바위 일부가 떨어질(낙석) 위험이 있다고 반대하여 숲속 나무 밑에 안전한 장소를 정하였다. 우리는 쏟아지는 비를 맞으며 빠른 동작으로 천막을 치고는 모두 좁은 천막 안으로 들어갔는데 그 안에는 비에 흠뻑 젖은 네 사람과 젖은 의류, 신발, 배낭, 모두가 들어가 있으니 천막 안이 꽉 차 버렸다.

그래도 그 속에서 버너를 피워 부지런히 저녁을 지어 먹으며, 젖은 옷을

짜기도 하고, 젖은 러닝과 팬츠만을 입은 채로 피곤한 잠을 자야 했다.

잠을 자려고 넷이서 서로 끼인 상태로 누웠는데 모두 입고 있는 젖은 속옷 때문에 너무도 추워져 더 떨어야만 했다. 젖은 것이 쉽게 안 말라 할 수 없어 젖은 팬츠까지 넷이 모두 벗기로 하고, 홀랑 벗으니 좀 멋쩍긴 하나 기분은 상쾌하고, 서로의 체온이 느껴져 훨씬 덜 춥게 누울 수 있었다.

지금은 한참 더운 여름철인데도 이런 추위를 겪게 될 줄은 전연 상상도 못했지만, 좋은 경험을 한 셈이다. 천막 밖에는 그칠 줄 모르는 비바람이 나무에 스쳐 점점 더 소란하기만 하다. 내일은 비가 그쳐야 할 텐데….

오늘밤만 넘기면 내일은 권금성을 거쳐 쉽게 하산할 수 있어 별 어려움이 없을 것이며, 또 내일로 상경하여 집으로 갈 것이므로 마음이 쉽게 안정이 되기도 하였다.

모두는 이번 산행에서 상상도 못한 고생을 하게 되어서인지 집 생각이 더 간절한 듯하다. 어떻든 지금 우리는 외설악 화채봉 천막 안에서, 한 여름 추위에 덜덜 떨며 생고생을 하고 있으니, 이보다 더한 여름 피서는 없을 것이라 생각하면서 이제 하산하게 되면 설악산 여름 추위 경험담을 더 늘어놓게 되었다. 그리고 여직 비를 맞으며 긴 산행으로 피곤한 육체를 살피며 깊은 잠에 빠져들었다.

넷째 날은 화채능에서 천하절경을 조망(眺望)하고

홀랑 벗은 채 새우잠에서 새벽 네 시쯤부터 선잠을 설치는데 밖에 비바람은 그치는 듯 점점 소리가 조용해지기 시작한다. 우리는 6시쯤 모두 일어나 젖은 옷을 그대로 다시 입고 아침 식사도 간단히 끝내고는 젖어 무거워진 천막을 철거하여 7시에 권금성을 향해 출발하였다. 비는 깨끗이 그쳤지만 풀숲에 고인 빗물이나, 나뭇잎에서 떨어지는 빗물은 여전히 신발과 옷을 모두 흠뻑 적셔 버린다.

이 화채능선에서는 외설악 방향으로 조망권이 좋은 편이다. 칠성봉(1,077m) 가까이에 한 시간쯤 갔을 때 좌측으로 너른 외설악에 운해가 끼기 시작한다. 대청봉은 운해에 가려져 있고, 동해 쪽으로 천불동, 저항령계곡으로 운해가 올라오는 장관이 펼쳐지기 시작한다. 잠깐 사이 운해는 공룡능선 가까이 신선대 밑으로 가득 덮여 가면서 운해 위로 높은 암봉이 솟아 있어, 공중에 떠 있는 듯한 설악산을 내려보는 그 정경이 마치 꿈속 같기만 하다. 역시 어제 억수같은 비를 맞고 이곳의 높은 능선에서 고생하며 야영을 한 보람이 우리에게 이런 황홀한 정경을 만나게 한 것이리라.

어제 비가 아니었다면, 이곳에서 야영을 안 했다면 이런 광경을 만날 수 없었을 것이다. 대자연의 신비를 다시금 실감케 한다.

나는 설악산에 자주 오갔는데도 저 같은 광경은 이 능선에서는 처음 보게 된 것이다. 이날 하필이면 내 증명사진용 카메라가 고장이 나서 사진을 못 찍게 되어 무척 아쉽게 되었다. 하긴 이번 산행목적은 사진촬영은 아니고 산행만을 하기로 하여, 사진촬영 준비를 하지 않았으므로 저 멋진 장면을 그냥 눈에만 담고 가기에는 너무도 아쉽게 되었으나 어쩔 수 없게 되었다.

이곳 화채능에서는 공룡능선의 천화대, 신선대를 마주 볼 수 있는 방향이므로 조망권이 가장 좋은 위치이기도 하다. 더욱이 운해가 공룡능선을 넘어가는 장면을 화채능선 전면에서 조망한다는 것은 앞으로 다시는 나에게 기회가 없을 것이라고 생각하니 마음이 더 안타까웠었다.

산에서 나타나는 여러 정경의 변화를 살펴보면 그때마다 거의 기상 조건에 따라 이변이 나타난다. 항상 신비하게 나타나는 경우는 기상조건에 따르므로 어저께 비가 내렸던 관계로 이런 장면이 연출된 것이다. 산에서 참으로 멋진 촬영기회를 만난다는 것은 대단히 어려운 기회인데…. 아쉬운 기분

●내외설악 종주를 마치고

이번 종주 코스가 만만치 않았는데도 무사히 끝냈다. 그나마 설악산 중심권에서 야영을 하며 두루 살필 수 있어 이제 내외설악 산세는 웬만큼 파악이 되어진 것 같다.

으로 권금성 쪽을 향하여 숲길로 계속 내려 가다가 숲이 트인 등산로에서는 중간 중간에 외설악 전경을 살피고 쉬면서 여유롭게 하산하게 되었다. 내려가면서 보니 벌써 집선봉이 가까워져 온다. 이 곳에서부터는 운해가 계곡이나 봉우리를 모두 덮여 아쉽게도 원근경 아무 것도 보이지 않는다.

운해 속에서 한동안을 하산할 때부터는 점점 무더워져 땀이 옷에 배면서 지난밤 추워서 떨었던 일이 다시 떠오른다. 전연 어저께 추위가 실감이 안 난다. 이번 산행은 3박4일에 지금 마지막 4일째에 끝마무리 하산을 하면서도 4일 동안의 산행 순간순간이 모두 꿈같았던 일로만 떠오른다.

권금성 가까이 집선봉 부근 작은 계곡에 닿았을 때 우리는 이곳에서 쉬기로 하여 아침밥을 지어먹고 세수도 하고 옷을 고쳐 입고 한참을 쉬었다. 이제는 산행도 모두 끝나 상쾌해진 기분으로 이번 산행의 종점인 권금성에는 10시30분에 무사히 처음 예정대로 도착하였다.

이곳에 도착 전에 이기철 과장이 발이 좀 저리다고 하였고 그 외에는 아무런 차질 없이 이번 산행 3박4일이 모두 끝난 것이다.

식량, 장비, 산행 시간 등 모든 것이 계획한대로 거의 맞아 들었고 재고할 점이 있다면 네 사람 모두에게 있어 체력적으로 좀 무리한 산행이었던 것 같았다. 이제 다시 생각이 떠오른다. 공룡능선에서 달 밝은 밤 세차게 불어 닥친 바람소리, 그리고 비를 맞고 천막에서 떨며 알몸으로 자던 일, 화채능에서 본 공룡능선 운해 그리고 천화대 풍치…. 모두 다 꿈만 같은 일이다.

일행 네 명 모두가 직장에서는 요직의 간부로 바쁘게 활동하고 나이도 적지 않은 처지임에도 내・외설악을 짧은 기간에 지그재그로 오르내리고 누비면서 지낸 이번 같은 산행은 앞으로 우리에게 두 번 다시없을 것이라고 생각하니 참으로 보람이 있는 여름휴가 산행이었다고 스스로 만족하게 하였다.

1994. 8. 13.

산행 중 위기에서 탈출

설악산에서 겪은 두 번의 사고

산행 중 위험은 언제나 뒤따른다. 그러므로 누구에게나 산에 다닐 때 안전사고의 문제는 쉽게 찾아올 수 있다는 것을 생각해야 한다. 산행시 발생되는 많은 사고는 사소한 부주의에서 비롯된다. 그런데도 산을 오르다 보면 험준한 암능이나 암벽을 등반하다가 자칫 무리를 범하는 경우가 있다.

산은 어머니 품속처럼 포근하고 인자하지만 때로는 자기 분수를 모르고 서두르고 덤비는 자에게는 가혹하기 이를 데 없는 벌을 내리기도 한다. 모름지기 산에 오르는 자는 무엇보다도 자기의 분수에 맞는 행동을 해야 하며, 과욕을 하거나 더욱이 객기를 부려서는 절대로 안 되게 되어 있다. 어떠한 사태에서도 침착한 인내심과 강인한 정신력, 그리고 예상 밖의 사태에 처했을 때는 진퇴양난에서 현명한 판단이 절실히 요구된다. 그리고 때에 따라서 과감하게 후퇴하는 것도 용감한 전진이다. 내가 설악산을 여러 차례 오르던 중, 이 산 공룡능선에서 혼자 길을 잃고 바위에서 추락하였던 사례와 용아장성에서는 15시간 동안 등반 중 헤매다 탈진상태의 극한 상황에서 용케도 빠져 나왔던 일을 되새겨 본다.

첫 번째 얘기 - 공룡능선 등반중 잘못 들어 선 바위에서 추락

공룡능선은 외설악과 내설악을 가르는 남북 주능선으로, 표고 1,200~1,300m 정도의 연장 약 7km에 암봉이 연속되어 있다. 산세는 비교적 험준하고 인적이 드문 곳이었으나, 최근에 등반하는 사람이 부쩍 늘어 능선의 등산로는 하루가 달리 넓혀지고 있는 듯하다.

설악산을 이야기하자면 공룡능선을 빼놓을 수 없듯이 이 능선 위에서는 넓고 아름다운 설악의 구석구석을 가장 넓게 조망할 수 있는 곳이기도 하며, 공룡능선 자체의 신비스런 아름다움은 더할 나위 없다.

나는 직장 형편상 휴무일을 택하여 틈만 나면 설악산으로 달려갈 때 일이다. 추석날인 이 날(81. 9. 12.)도 하필 명절날 집을 비우게 되어 먼저 아내에게 미안해서 씁쓸한 미소를 보이며 새벽에 집을 나서게 되었다.

집을 나와 마장동 버스터미널에서 버스를 타고 복잡한 도심을 벗어나 팔당과 양평, 인재와 원통을 거쳐 예정대로 오색리에 11시 30분에 도착하여 식당에서 점심을 간단히 먹고 12시 20분이 되어 대청봉 쪽에 들어서, 산으로 오르는데 이날 추석 명절이 되어서인지 주위가 너무도 적막하여 미풍에 하늘거리는 나뭇잎과 계곡에서 흐르는 물소리도 유독 고요한 분위기를 깨지 않으려 조용하기만 하였다. 이런 조용하고 깊은 산 속에 혼자 들어선 내 존재가 얼마나 미미한가를 새삼 인식하게 되며 적적함을 느끼지 않을 수 없었다.

이 날 내 등에 진 배낭이 약 15kg정도인데, 이것은 꼭 필요한 장비와 식량, 사진기 등 원거리 산행 시 나의 한계중량이다. 이 중량으로 오색에서 대청봉으로 급경사 길을 오르기란 내 체력으로 꽤나 힘에 겹지만, 그래도 나는 쉬는 시간을 줄여 부지런히 서둘러서 대청봉에 15시40분에 도착하였으므로 3시간 20분(보통 4~5시간)걸려 빠른 걸음이었다고 생각되었다. 그때 대청봉에는 젊은 10대 남녀 몇 쌍이 서성거리고 있을 뿐, 바람도 없이 한적하고 맑은 날씨 속에 속초시와 동해의 파란 바다가 발밑에 가까이 있는 듯 보여졌다. 흠뻑 젖은 땀이 마르기 시작하는지 한기를 느끼면서 곧바로 희운각 쪽 직강 샛길 코스로 내려가는데 40분밖에 안 걸려 17시쯤 희운각대피소에 도착하여 계획대로 이곳에서 머물러 자기로 하였다. 평소에 보면 그렇게도 소란스러운 이곳 희운각도 추석명절이 되어서인지 사람들이 전혀 없고 한가로운데, 이곳에서 기르는 견공도 심심해서인지 나를 보고 꼬리를 치며 반긴다. 저녁식사는 라면으로 간단히 때우고, 혼자 있는 대피소 안에서 침낭 속에 일찍 들어가 잠을 청하나, 쉽게 잠이 오지 않는다. 하필 명절날에 집을 떠나와 가족이나 친지들 생각, 그러나 잘하면 멋진 사진도 찍을 수 있을 것이고, 한동안 공상을 하며 뒤척이는데 날이 바로 어두워지며 차가운 밤공기가 방안으로 들어찬다. 한가위 보름달이 창문에 비취며 나를 유혹하듯 밖으로 끌어낸다.

나는 밖으로 나와 대피소 뒤편 솔숲이 있는 높은 쪽으로 올라가 전망이 좋은 바위 위에 걸터앉아 이 곳 전면으로 펼쳐진 밝은 달빛 속의 정경을 하나하나 살펴보게 됐다. 신선대나 공룡 쪽 암봉, 그리고 천불동 깊은 계곡의 어렴풋이 보이는 유곡이 마치 어느 신화 속에서 볼 수 있는 환상같기도 하고, 꿈속에서 보는 느낌이다. 한동안 살피는데 마음이 차분해지며 새삼스럽게 외롭고 고독해지는 듯하다. 그렇게 얼마간 있다가 찬 바람에 한기를 느껴, 도로 내려와 방에 들어 뒤척이다 겨우 새우잠에 꿈속으로 빨려 들었던 것 같다.

다음 날 새벽 6시. 밖은 아직 어두운데 좀 늦은 듯하여 눈을 비비면서 배낭을 챙겨 메고는 헤드랜턴을 비추며 빠른 걸음으로 무너미고개에서 공룡능선 신선대(1,210m) 쪽으로 곧장 올라 신선봉 근처에 닿았을 때 동해에서는 아침 태양이 떠오르고 있었다.

새벽의 찬바람에 몸이 오싹해져 온다. 혼자이므로 더 조심스럽게 암봉을 기어올라 그 중 높은 암봉의 정상에 올라섰을 때 천화대 암봉들 전면에는 밝은 햇살이 마치 영화 속의 창세기 태양 빛처럼 신비스럽고 황홀하게 비쳐지기 시작한다. 그 태양 햇살 밑으로 그늘에 가려진 천불동 계곡은 더 깊고 험준한 절벽의 골짜기로 보인다. 이제 이 능선을 따라가면 적어도 오전 10시 전에 마등령에 도착하게 될 것으로 생각하며, 또 서울에도 그리 늦지 않게 올라갈 수 있으려니 오늘 스케줄이 만만하게 생각되어 아침부터 마음이 좀 가볍고 상쾌해졌다.

나는 지난 꼭 한 달 전 여름에도 이 곳 공룡능선에서 야영을 하면서 등반하였기 때문에 등산로나 그 외 시야 속에 드는 것들이 모두 낮익고 산행에 익숙하여 비록 혼자이지만 아무런 어려움이 있을 수 없을 것이라고 자신만만하게 생각하고 있었다.

그리고 이번 산행은 조용하게 혼자 즐기는 산행이므로 마치 이 넓고 아름다운 설악산 모두를 내가 독차지한 듯한 착각도 하면서 자연의 신비를 만끽하고 있다는 사실이 너무 행복하였다. 이런 생각을 하며 신나게 얼마를 갔을 때(이 능선의 범봉 근처) 좌우측으로 갈라진 두 갈래길이 나왔다. 그 때 시간은 아침 8시 40분, 나는 별 생각없이 우측으로 가더라도 좌측길과 서로 만나려니 하면서 그냥 우측 길로 빠져들어 갔다.

그 길은 조금은 급한 하향 경사 길이며 내려가면서 바닥에 깔려 있는 눈향나무 군락이 계속 넓게 이어지고 있었다. 향나무 가지에는 사람의 발길에 벗겨진 나무껍질이 뚜렷하게 나타나 있어 등산로가 틀림없다고 생각하며 계속 내려갔다. 그러나 더 내려가게 되면 좌측에 있던 길과 마주치리라고 예상했던 그 길은 나오지 않았다. 좀 이상하다는 예감이 들었고 아무리 살펴보아도 갈수록 길은 점점 희미해지고 위험한 절벽의 장애 만 있어, 길

●마등령에서 보이는 공룡능선
이 능선은 암봉군(岩峰群)의 연속이고, 능선에서 내외설악을 모두 조망할 수 있으며, 그 웅장함은 설악산에서 제일이라 할 만하다.

을 잘못 들어선 것을 드디어 알아차리게 되었다.

그러나 이제까지 내려온 곳을 뒤돌아보나 다시 되 올라 갈 수도 없고, 이 지점은 등산로가 없는 곳으로 처음 등산로에서 잘못 들어서 상당히 능선 밑으로 빠져 내려온 것 같아, 숲을 헤치고 능선 쪽 높이 솟은 범봉 근처를 살펴보니 지금 내가 있는 곳은 능선에서 꽤나 떨어져 있음을 바로 알 수 있었다. 그러나 이 곳에서 다시 올라가기에는 너무도 멀고, 조금만 내려가면 우회하는 길이 꼭 나올 것만 같아 그냥 조심하여 계속 내려갔다.

그런데도 길은 끝내 나오지 않고, 경사는 더 급해져 작은 나무를 손으로 잡거나 기대지 않고는 몸을 세울 수가 없고 배낭이 걸려 행동하기가 꽤나 불편하고 힘이 들었다.

이젠 이곳에서는 잘 보이던 범봉도 능선도 보이지 않고 마음은 조급해지는데 어쩔 수 없었다. 이렇게 해서는 안 되겠다고 생각하여 안정하려고 쉴만한 장소를 찾아 배낭을 내려놓고 휴대한 지형도 위에(1/50,000 및 1/25,000 두 장) 컴퍼스를 올려놓고 방위를 잡으며 고도계로 표고까지 측정해 보았다. 방위는 범봉에서 동남쪽, 고도 약 850m 현재 설악골로 통하는 상층부지점에 내 현재 위치를 확인할 수 있었고, 도면상으로 이곳에서 설악골 끝쪽(약 3~4km)이 비선대 부근이므로 시간을 충분히 여유를 갖고 3~4시간만 하산하게 되면 천불동계곡으로 갈 수가 있을 것 같았다. 오늘 계획하였던 노선을 변경하여 이젠 그냥 내려가는 것으로 일단 결정하고는 이를 다시 머릿속으로 정리를 하며 내가 취할 행동을 스스로 재확인까지 하여 보았다. 지금 이곳 능선에는 나 혼자 밖에 없고 생사문제는 스스로 해결할 수밖에 없는 일이기 때문에 더욱 세심하게 다시 짚어보지 안을 수 없었다.

첫째, 다시 되올라가기에는 너무 힘이 들고 시간이 없으며, 둘째, 이곳 설악골은 초행이긴 하나 산세가 험하지 않고(도면상) 또 호기심도 있고 혼자이므로 단려도 시험해 보고, 결과적으로 산행체험상 더 많은 득이 될 것 같아 잘 판단한 것이라고 생각했다. 이제는 한결 가벼운 마음으로 안정이 되고 또 자신감까지 있어 내려가기 시작하여, 5분쯤 갔을 때 경사 80°정도, 높이 5m쯤 되는 아침 이슬에 젖은 절벽을 거쳐서 내려가야 되는 곳이 나타났다. 이곳에서 좀 머뭇거리다가 오른 손으로 늘어진 나뭇가지를 잡고 오른쪽 발을 디디며 왼쪽 발을 옮기는 순간(오른쪽 발에서 왼쪽 발로) 아차! 오른쪽 발이 그대로 미끄러지며 잡았던 나뭇가지를 놓쳐 밑으로 그냥 추락하고 말았다. 순간 정신이 몽롱해지며 가슴이 뛰고, 눈앞이 흐려지는 듯 당황해지기 시작하였다.

이제는 올 것이 온 것 같이 모두가 체념이 되는지, 겁에 질려 마지막 가는 길로 빠져들지 않으려고 발버둥을 쳤는지 그 순간은 잘 생각이 나지 않는다.

나는 넘어진 상태에서 한참을 있었던 것 같다. 일어나지도 못하고 무의식 중에 양쪽 발 엄지발가락과 발놀림부터 해봤다. 움직인다. 또 일어서 보니 괜찮은 것 같았다. 손발이 부러진 데는 없는 것이 확인되었고 엉덩이와 좌측상체 T셔츠에 축축한 흙이 많이 묻어 있는데 추락한 자리 바닥이 좀 질척한 흙도 있었고 등의 배낭이 보호가 되어 준 듯 별 상처가 없었다. 만약 그 때 다리가 골절되었거나 머리 같은데 부상되었었다면 험준한 설악골을 혼자서 벗어날 방법이 없어 아마도 그대로 너른 설악산에서 행방불명된 악우를 찾느라 가족은 물론 내가 속한 직장이나 철도산악회 악우들, 그 외 여러 사람에게까지 큰 심려를 끼칠 뻔하였다고 지금도 아찔한 생각을 하지 않을 수 없다. 나는 그때 언뜻 배낭에 넣어 둔 담배(금연하려고 비상용을 가지고만 다니던 것)를 꺼내 줄담배 몇 개비를 피우고서야 마음이 약간 진정될 수 있었다.

그리고 나는 그때 그 골짜기를 어떻든 빨리 무사히 빠져 나가기 위한 묘책에 급급하였으며 이 공포 속을 어떻게 빠져 나갈까 궁리를 하다가 제 정신을 찾게 되었다. 그리고 나서 좀 있다가 시장기도 느껴 아침을 겸해서 비스킷과 치즈를 입에 쪼개어 넣고(?) 수통의 물도 동시에 부으면서 서둘러 배낭의 자일(보조 20m)부터 꺼내 어깨에 걸어 메고 쌕에 들어 있는 묵직한 중량의 카메라 보따리(카메라 2, 줌 1, 광각 1, 각종 필터 등)를 이곳에 그냥 놓고 갈까(다음 기회에 다시 찾더라도) 하면서 배낭에 들어 있는 장비와 식량을 어림으로 점검하여 봤다.

비박(bivouac, 비상노숙) 장비(취사구, 판초, 보온덧옷, 비상용 연료, 후렛쉬)와 식량도 3식 이상(라면 5.5개, 치즈 20장, 쌀 200g, 비스킷, 땅콩, 어포류 약간 등)이 정도면 1박은 충분히 가능하나 우선 3~4시간만 체력안전 유지에 유의하여 하산하면 이 설악골은 무사히 빠져나갈 수 있을 뿐 아니라 이보다 더 많은 시간이 걸린다 해도 현재 갖고 있는 장비나 식량만으로 웬만한 사태는 극복할 수 있을 것 같아 다소 안심이 되어지며 이런 비상시를 대비한 충분한 비상휴대품에 스스로 만족되어 지기도 하였었다.

이제부터 다시 하산하는데 이 곳에서 설악골로 내려가는 곳은 경사가 급한 곳에 그리 크지 않은 잡목들로 가득 차 있어 이곳을 통과하는 데는 배낭이 나무에 걸려 짜증스러운 정도였다.

그러나 급경사 산세에 나무라도 손으로 잡아 의지할 수 있어 다행이었다. 만약 나무가 없었으면 계속 자일을 사용해야만 하였을 것이다. 그런 곳을 지그재그로 30여분 가다가 건폭을 몇 개소 내려가서는 그 아래로 물이 흐르는 작은 폭포가 나오기 시작하고, 좁은 계곡이 점점 넓어지며 햇볕도 들기 시작한다. 그 햇볕이 피부에 닿을 때는 따뜻한 온기가 느껴진다. 사람의 흔적이 전혀 묻지 않은 원시림 계곡의 정경이 불안했던 마음을 쉽게 안정시켜 주는 것 같았다.

불안한 마음이 진정되면서 내려가는데, 계곡은 점점 넓어지며 폭포나 소(沼)의 물이 너무도 맑아 더는 그냥 지나칠 수 없게 되었다. 나는 드디어 계곡 개울가 널찍한 바위가 있는 곳에서 옷을 홀랑 벗고 목욕이라도 하려고 뛰어 들었으나 너무도 물이 차 발목이 시려 도로 뛰쳐나와서는 얼굴만 씻고 벗은 채로 햇볕에 따뜻해진 바위에 큰 대자(大)로 짝 펴고 맑은 가을 하늘을 향해 누웠다. 등에 닿은 따뜻해진 바위의 촉감이며 상쾌한 공기는 살 속까지 시원하게 스미는 듯 하고 숲속 동화의 나라에라도 온 듯 하였다. 차라리 이렇게 설악골로 빠진 것이 결과적으로 잘된 일이 아닌지. 좀 전 졸지에 바위에서 슬라이딩하여 마지막 생사 갈림길이 온 것처럼 당황했던 일이 다시 떠오르기도 한다.

나는 그때 뭐니 뭐니 해도 하산길에서 당황해질 때 가장 안정시켜준 장비는 몇 미터 안 되는 자일이었던 것 같다. 그것이 꼭 생명줄 같이 생각되어졌고, 그것 때문에 하산하는데 자신감이 붙었던 것처럼 단독으로 산행시는 꼭 휴대해야 할 첫 번째 장비라고 생각된다. 손바닥은 바위에 스쳐 벗겨져 따갑고, 엉덩이와 어깨(右側)가 저려 왔으나 이런 충격이 위험한 산행을 더욱 주의하도록 경고하는 것이라 생각하며 오히려 좋은 교훈을 체험하였다고 자위를 하기로 하였다.

이 곳에서 30여 분 넘게 쉬고는 몸이 선선해져와 옷을 다시 입고 신발을 신고는 좀 아쉬운 듯한 여운을 남기고 또 걸어 내려갔다. 계곡의 바위틈을 돌거나 물이 흐르는 큼직한 바위를 넘으며 이제는 마음에 여유까지 생겨 콧노래까지 하면서 30~40분 내려갔을 때 좌측에 마등령 방향으로 올라가는 설악골 계곡이 나왔다. 이 계곡은 공룡능선이나 마등령에서 내려다보이는 것처럼 그렇게 너른 계곡이 아니고 협곡의 연속이며 이곳에 많은 폭포와 소(沼)가 있고 큰 고사목들이 계곡에 뒹굴며 우거진 숲에 머루나 다래 등과 같은 넝쿨이 가려져 있으며 잣나무 고목이 들어선 처녀지인 듯 보였다.

내려오다 11시가 좀 넘어서 상당히 내려왔다고 생각될 때쯤 계곡 좌측에서 좀 떨어진 장소에 비닐 조각 같은 오물이 버려져 있고 계곡의 정면에는 멀리 보이긴 하나 낯익은 암봉의 정상이 숲에 조금 가려져 있다.

틀림없이 비선대 앞에 있는 천불동 집선봉이라고 생각하니 이제는 천불동 계곡과 마주치는 곳도 얼마 안 남은 것을 알 수 있었다. 생각했던 것 보다 고생이 적었고 그나마 너무 긴장하여 공연히 서둘렀던 것 같이 생각되었다.

계곡을 따라 내려가든 중 12시경에 통과하는 지점에는 야영을 하였던 흔적이 보이고 깡통이나 과자류 비닐 포장물들이 미간을 찌푸릴 정도로 지저분하게 굴러다닌다.

이곳에서 300여m 내려갔을 때 사람의 얘기 소리가 들려 귀를 번쩍 세워 주위를 살펴보며 내려오는데 좀 떨어진 계곡의 물가에서 젊은 남녀 한 쌍이 그릇을 씻으며 속삭이고 있지 않는가. 나는 그때 사람을 만난 것이 너무나 반가워 그 쪽으로 뛰어가 젊은 남자에게 인사를 하며 손을 내밀었더니 그는 어리둥절하면서 손을 잡고는 내 모습을 유심히 살피고 의아한 표정이다. 만약 간첩으로 의심했었는지 모르지만 아무튼 그 때 내 꼴은 좀 어색하게 보였으리라. 흙이 묻은 옷에 헤진 등산화, 자일을 어깨에 메고 그리고 검고 깡마른 얼굴에 베레모(검정색)를 썼으니 어쩌면 꼴불견처럼 보였었는지도 모른다.

그러나 내가 공룡능선에서 길을 잃어 이곳까지 혼자 오는 길이라고 말을 해도 그는 이해할 수가 없는지 계속 의심하는 시선으로 쳐다본다. 그가 어떻게 생각하든 나는 '이제는 살았다' 하는 생각에 비선대 위쪽 천불동계곡 등산로에 바로 들어서면서 나는 설악동으로 가벼운 마음을 하고 걸음을 재촉하여 내려오게 되었다.

이번에 공룡능선에서 길을 잘못 들지 않았다면 처음 계획대로 이 능선을 종주하여 마등령까지 가서 그곳에서 금강굴, 비선대, 설악동으로 당일 하산하려던 계획이 사고로 인하여 설악골로 빠지게 된 것이다. 나는 직장 형편상 연휴일이 아니면 장기산행(1박 2일 이상)이 어려웠다. 그런데 하필 추석명절에 동행도 없어 혼자서 산에 갔다가 인적도 없는데서 사고를 당하

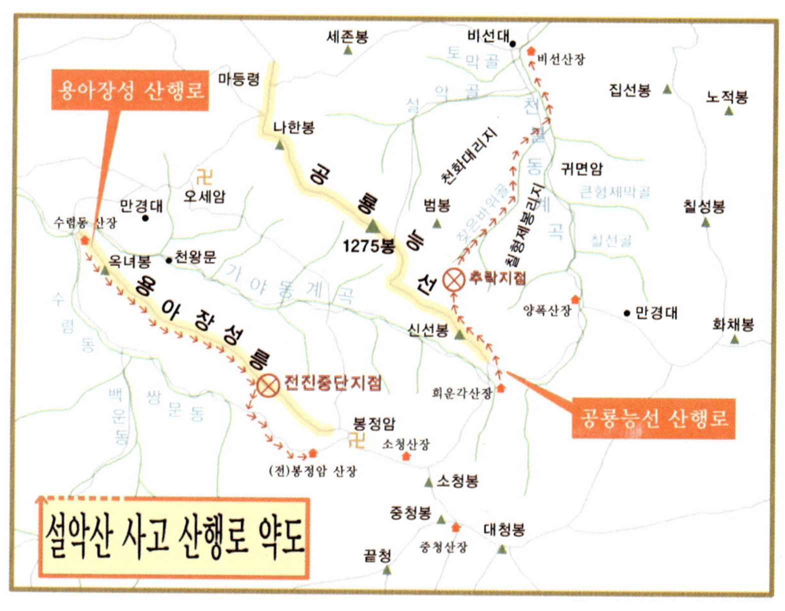

여 혼이 났으니…, 평생 잊을 수 없는 경험이 될 것이다.

나는 그때 처음으로 산에서 '사고라는 것이 이렇게 순간적으로 발생하는 것이구나' 실감하면서 내게 불행한 사고라도 있을 때 가장으로서의 책임감이나 직장과 여러 친지에게까지도 많은 걱정을 끼치게 될 것을 생각해보니 나의 무모한 산행을 반성하지 않을 수 없었다.

산행은 대자연 품으로 드는 수행이다. 산에 가면 늘 겸허한 마음으로 서두르지 말고 산에 고마움을 잊어서는 안 된다고 다시금 생각하게 되었다.

1981. 9. 14

두 번째 얘기 - 용아장성능에서 겪은 허기와 탈진(脫塵)

설악산 용아장성능(龍牙長城稜)은 내설악의 가야동계곡과 구곡담계곡의 중간에 동서쪽으로 뻗은 약 5.7km쯤 되는 많은 침봉(針峰)이 연속 된 설악산에서 가장 험준한 능선이며, 지금까지도 이곳에 대한 확실한 등반기록을 나는 못 보았다. 공룡능선은 공룡의 등과 같다고 한다면, 용아장성은 '용의 이빨'과 같다는 한문의 뜻과 같이 이 능선은 날카롭고 매서운 바위가 많다. 그래서인지 나는 이곳에 웃고 들어가서 울며 헤매다가 다시 웃음을 되찾아 빠져 나온 것이다.

나는 4월 4~5일(1982년) 식목일 연휴를 틈타 그전부터 함께 산행을 즐기는 박긍래 중위(현역 해군기술장교, 후배)와 모 무역회사 이현숙 양(원통리에서 동행하게 되었음) 등 셋이서 백담산장에서 하루를 묵고 다음날(4월 4일) 새벽 6시 30분에 출발하여 수렴동 대피소 바로 뒷벽으로부터 용아장성능선에 올라붙기 시작하였다. 계절적으로 봄이 한창 오는 4월인데도 설악산은 아직 동절이므로 백담사 계곡에는 개울가 얼음이 그대로 붙어 있고, 북향의 산은 거의 흰눈으로 덮여 있어 한낮의 따뜻한 햇볕에나 조금씩 녹아내릴 뿐이었다.

이 능선에 첫 발을 디디면서부터 바로 급한 경사 바위길을 오르게 되어, 처음부터 호흡이 가빠지고 발바닥에는 묵직한 중량이 걸리듯 이제부터 고생길에 들어서는 것이 아닌가하여 이곳이 초행인 내 마음은 약간 불안감을 느끼지 않을 수 없었다.

이런 급한 비탈을 300여m 올랐을 때 사람이 다니던 길인지 빗물에 씻겨진 것인지 분간이 애매한 바윗길을 따라 20분쯤 걸려 오른 첫 봉에서 좌우측(우측은 구곡담, 좌측은 가야동계곡)의 계곡에서 띄엄띄엄 하얗게 얼어붙은 철 늦은 얼음 줄기가 뚜렷하게 햇빛에 반사되고 있고, 구곡담계곡의 철제 다리가 성냥개비를 뉘어 만든 장난감 같이 멀찌감치 보이며, 좌측 가

●용아장성을 오르며

아침 일찍 수렴동대피소 뒷벽에서 오르기 시작하여, 겨우 이 능선 중간쯤에 도착했다.
이제까지 넘어온 암봉들을 뒤돌아보며,
앞으로 또 넘어야 할 앞길이 염려되고 초조해질 때 그때 찍은 사진이다.

야동계곡의 건너 쪽에는 손이 닿을 듯, 오세암 만경대가 뚜렷하게 마주 서 있어 가까이 보인다.

아직도 북향의 얼어있는 바위를 디디기(풋홀드)에는 미끄럽고 날씨도 차서 워킹이나 홀딩에 몸이 유연치 못할 뿐 아니라 보행 속도보다는 안전위

주로 웬만한 하강코스는 차분하게 자일(보조)을 사용해야 될 형편이었다.

이 능선 첫 번째 봉우리를 넘을 때부터 1시간 가까이 자일을 사용하기 시작하면서, 이 능선이 보통 정도로 가벼운 워킹이 되나 했는데, 이 곳에서 좀 가다가 곧바로 깎아 세운 듯한 암벽 페이스가 앞길을 가리어 처음으로 멈칫하지 않을 수 없었다. 그러나 다행히 옆으로 우회할 수 가 있어 쉽게 통과하였으며 이 암벽 밑은 2~3인이 야영하기에 꼭 알맞은 장소이고 아늑한 곳으로, 우리는 이 암벽을 '병풍바위'라 명명하며 한동안 이곳에서 쉬기도 하였다. 그 때 시간이 11시, 그리고 이 곳에서 좀 가다가 두 번째 좀 큰 봉우리에 닿아 잠깐 걸음을 멈추고 되돌아보는데 제법 고도감이 들어 높은 위치에 우리가 서 있음을 느낄 수 있었고 우리가 지나온 능선과 수렴동 대피소 쪽이 아득하게 펼쳐져 보였다.

이 곳이 바로 옥녀봉이라 생각되며 용아장성의 산세가 이 정도라면 오늘 목적지인 봉정암산장에는 일찍 도착할 것만 같았다.

우리는 지금까지 별로 어렵지 않게 능선을 따라가다가 앞서 지나온 병풍바위 같은 직벽을 또 만나게 되었다. 나는 배낭을 내려놓고 전방 탐사 차 올라갔다가 마음이 섬뜩해짐을 느끼게 되었다.

바로 이곳은 북한산 원효능에서 백운대로 오르는 벼랑과 꼭 비슷한 곳(엎드려서 기어가는 곳)인데 이곳을 빠져나가는 데는 배낭을 메고 갈 수 없으므로 어떤 방법으로 배낭을 옮기느냐 하는 것이 우선 문제였다.

나는 우회루트를 찾으려고 이곳저곳을 오르내리며 살펴보았으나 우회하는 데는 너무도 긴 시간이 걸리고 체력의 소모가 걱정되어 망설이고 있는데 마침 이양이 우리가 올라 왔었던 옥녀봉 쪽에서 사람이 올라온다고 소리친다.

우리는 30분 이상을 그 사람들을 기다려 그들 셋과 협력하여 배낭을 자일로 묶어 따로 하나씩 옮기고, 역시 사람은 엎드려 기어서 5m쯤 아슬아슬하게 벼랑길을 트래버스하고 나니 이 곳에서 1시간 반 이상이 지체되고 말았다.

이곳에서 만난 두 사람은 20세 전후의 왕성한 클라이머이고 한 사람은 건장한 체구의 한국전력공사 직원으로 공룡능선에서 그 전(81년 8월)에 나와 박중위와 함께 만난 적이 있어 구면이므로 우리는 뜻밖의 산중 해후(邂逅)에 산(山)사람 특유의 우정을 잠시 나누었다.

그들이 쉬면서 휴식을 하는 사이 우리는 먼저 자리를 뜨고 계속 오르는데 이곳에서부터 힘든 고비가 시작되었다.

용아장성은 도상(圖上)이나 실제 보기보다는 대단히 규모가 크고 가파른 절벽이 많으며, 굴곡도 심한 지그재그 능선으로 되어 있어 긴 시간과 강한 체력을 가져야 할 터인데 내 현재 능력으로는 벅찬 한계를 느끼지 않을 수 없었다.

새벽부터 기어오르기 시작하여 5시간 걸려 13시경에 도착한 지점이 용아장성의 중간쯤 되었으나 이곳에서부터 문제가 생긴 것이다.

우선 휴대한 식수 3통이 바닥이 나기 시작하면서 갈증은 더욱 심해지고 험한 침봉은 힘 빠진 체력을 더욱 소모시키고 있었다.

우리는 이 능선에서 눈이나 얼음을 녹여 밥도 지어먹고 식수도 확보하려 하였던 당초 계획에 차질이 온 것이다.

이 능선에는 샘이나 식수원이 없으나, 이 때쯤이면 이 능선 음지에 있는 얼음이나 눈을 녹여 식수로 이용할 수 있으려니 하였는데, 하필 이때는 눈도 얼음도 없는 데다 시간은 더욱 여유가 없어, 할 수 없이 건식을 하며 휴대한 물을 절약하였지만 허기진 것은 참을 수 있었으나 목 타는 갈증은 참을 수 없어 답답하기만 하였다.

이 능선 위쪽으로 2/3지점 가까이에서는 구곡담계곡에서 움직이는 원색 차림의 등산객이 멀리 보이기도 하며 귀때기청봉과 대승령 쪽 서북 주능선이나 가야동계곡 쪽 오세폭포가 하얀 실뱀이 기어오르는 것처럼 보인다. 또 그 바로 위에는 오세암과 마등령 정상 끝 그리고 공룡능선의 라한봉과 1275봉이 너른 시야 속에 별다른 특징 없이 우뚝 서 있어 내설악 모두를 한 눈으로 보는 느낌이다.

우리는 점점 심한 갈증과 피로 때문에 그 아름다운 풍경도 실감이 나지 않고 앞으로 목적지에 도착하기까지 더 많은 시련이 염려되기만 하였다.

박중위와 이양은 나이도 젊을 뿐 아니라, 산행실력도 수준급이지만 이양은 등산화를 비브람 하드(硬)를 신어서 암벽에 불편, 불안하고 기동성도 없으며 특히 낙반과 낙석에 주의하여 수시 자일을 사용하면서 침봉을 오르내리려니 스피드나 능률은 생각할 수가 없게 되었다. 그리고 시간은 계속 지체되고 체력은 소진되어 오후 2시쯤 되었을 때는 아끼던 물도 모두 떨어지고 배가 고파도 물 생각만 나고 워킹이 느려지기 시작한다. 이제부터 점차 불안과 초조함이 느껴지며 아직도 두세 개 되는 큰 암봉을 넘어야 된다고 다짐하면서 참고 견뎌 봉우리 하나를 넘고 또 하나를 가까스로 넘으며 이제는 저 보이는 마지막 봉우리를 넘으면 우측에 분명 우리를 기다리는 봉정암이 나오리라고 믿고 다시 힘을 내 오르기 시작하는데 하반신은 맥이 빠져 버리고 손은 바위를 잡을 만한 힘도 없어졌다. 그러나 가까스로 끝머리에 보이던 마지막 봉우리를 넘었는데도 또 가로막는 암봉이 계속 이어져 나타난다.

이제는 하는 수 없이 이 암봉을 우회하기로 하고 한동안을 쉬었다가 우회하느라 내려가는데 마침 비탈진 넓은 바위 남향쪽 암벽에 붙어있는 얼음이 녹아 바위 한 쪽이 촉촉이 젖어 있는 것을 발견하게 되어 더 밑으로 내려갔더니 바위 끝에서 한 방울씩 물이 떨어진다.

우리는 눈이 번쩍 하는 기분이었다. 휴대한 물이 떨어진지 얼마 되지도 안았는데, 벌써 물이 얼마나 그리웠던지 손바닥을 오므려 떨어지는 물방울을 받아 우선 마른 입술부터 적시고, 혓바닥으로 물기 있는 손바닥을 핥는데 그 감각은 짜릿하게 느껴지는 정도였다.

떨어지는 물방울에 가랑잎 깔때기를 대고 한 방울씩 수통에 받아, 한 모금씩 받아 각각 마시고는 또 반통쯤 받아 넣는데도 30분 이상이 걸린다. 시간 때문에 더 지체할 수 없어 그나마 다행스런 몇 방울의 물에 고마움을 느끼며 일어서서 다시 조금 올라가 우회를 계속하는 데 이곳 양지 쪽에서 또 얼음이 녹아 물방울이 제법 떨어지는 곳을 다시 발견하게 되었다. 이곳에서는 시간이 더 걸리더라도 충분히 마시고 수통에도 가득 채워 넣고 나니 이제는 완전히 말라죽은 나무가 되살아난 기분으로 새로운 힘을 찾은 듯하였다.

그때 시간이 벌써 저녁 5시가 넘고 있었지만 이제는 마지막 끝봉을 넘어가는 것이려니 생각되고 또 지금은 식수도 있고 식량이나 장비가 어느 정도 갖추어져 마음에 여유까지 생겨 다시 느긋해지기도 하였다.

이렇게 1시간쯤 걸려 우회를 하고 한시름 놓는가 하였는데 또 하나의 암봉이 앞을 막고 있지 않은가. 힘이 빠지고 맥이 한번에 풀리는 것 같았다.

바람은 세차게 불어오고 해는 서쪽으로 떨어져 금방 어두워지기 시작할 텐데 마음이 무거워진다. 나는 전연 겉으로 걱정되는 내색도 못하고 박중위와 이양에게 정말 마지막 봉은 저것이 틀림없다고 힘을 내라고 격려를 하였다. 우리는 일단 쉬면서 간식을 하고 물을 마시면서 마음과 체력에 여유가 있어지기를 기다려 보기도 하였다. 벌써 어두워졌지만 마침 보름 때인지라 밝은 달빛이 환하게 비치고 있어 달에 가려진 그늘은 더욱 어두워 바위를

●용아장성의 기암 괴석(2)

이 능선은 거의 기암괴석, 침봉의 연봉(連峰)으로 설악산에서 가장 험준한 곳이다. 그러나 시간여유를 갖고 팀웍을 잘해 오르면 재미있는 등반을 할 수 있다.

더듬으며 산행을 계속하기란 대단히 위험하며 또 피로에 지친데다 긴장까지 겹쳐 더욱 조바심만 갖게 되었다. 그러나 어떻든 또 올라가지 않을 수 없었다.

이제 움직이는 손이나 발에 더욱 세심한 주의를 하면서 바위를 밟고 전진하는 데는 시간만 더디고 불안감만 앞서며 예감이 좋지 않다. 역시 불안한 예감과 같이 우리가 올라가려는 거대한 암벽(80°이상 페이스)은 어두운 달 그늘에 가려진채 앞을 가로막고 있다.

나는 선두에서 그 암벽을 탐색 차 몇 차례 올라가 보려고 시도하였으나 도저히 어두운 밤이 되어 위험스럽다고 판단되어 박중위와 이양에게 후퇴할 것을 명할 수밖에 없었다.

그리고 좀 안전한 장소에서 우리는 비박(비상노숙)하기로 하고 적당한 바위틈이나 테라스를 찾았으나 셋이서 들어설 만한 장소도 없고, 세차게 스치는 바람이 너무 차고 추워 비박도 할 수 없기 때문에 계획을 변경하여 계곡 쪽으로 내려가기로 하였다.

달빛에 우측으로 멀리 보이는 듯한 계곡을 향해서 내려가다가 만약 봉정암으로 향하는 길을 발견하게 될 때에는 그 길을 따라 봉정암으로 다시 올라가기로 하였다. 셋이서 몹시 초조한 상태로 암봉의 중간쯤 암벽에서 한동안 내려오다가 숲이 나오는 지점에서 우리 셋은 일단 주저앉아 쉬었다.

그곳에서 나는 기분전환을 하자고 제의하고는 좀 우스꽝스런 농담을 꺼내면서 한곡조 뽑기로 하고는 "울며 헤어진 부산항을…" 선창하고, 함께 합창하자고 제의하며, 손뼉으로 장단을 치고, 일부러 웃기는 농담을 하며 시시덕거리다 보니 분위기가 완전히 잠시나마 바뀌게 되었다. 이렇게 좀 새로운 마음가짐을 하면서 쉬다가 일어서 계곡 쪽을 향해서 다시 내려가는 것이다.

우리는 밤 9시가 넘어 숲에 엉킨 덤불넝쿨을 헤치며, 발에는 무엇이 밟히고 손에 잡히는 것이 어떤 것인지 눈으로 볼 겨를도 없지만, 나무숲을 헤쳐 길을 트면서 맥 빠진 용기를 되찾아 흥겨운 분위기를 얼마간 지속토록 합창을 계속하며 내려가는 것이다. 이렇게 한동안 내려오다 보니 달빛에

●용아장성 능선에서 혼쭐난 사람들

험한 산 등반은 유경험자와 함께 하거나 충분한 정보, 강인한 체력, 등반기술 등에 손색이 없어야 한다. (소대청봉에서 용아장성을 뒤쪽으로 좌로부터 이양, 박중위, 필자)

훤하게 시야가 트인 너덜지대가 나와 이곳이 이상하여 걸음을 멈추고 셋이서 이곳저곳을 살펴보는데 사람이 다닌 흔적을 발견하게 되었다. 이 길이 내려가는 길(뒤에 알았지만 이 길은 '오세암~봉정암' 간 스님들이 자주 다니는 길) 임에 틀림없지 않는가.

우리 셋은 무의식 중에 서로 손을 덥석 잡고 "야! 길을 찾았다. 이제는 살았나"하고 몇 번을 소리치고 새 생명을 얻은 듯 기뻐 어쩔 줄 모르기까지 하였다.

이 지점의 위치는 봉정암에서 동쪽 가까이 있는 곳이고 좀 더 내려가면 구곡담계곡 오르는 길과 마주치게 될 것으로 예측되어 지는 곳이다. 우리는 이제 여유만만하게 무슨 노래인가를 신나게 합창을 또 하면서 20여분쯤 내려오는데 예상한대로 구곡담에서 오르는 길과 마주치게 되었고 귀를 기울이면 봉정암 산장에서 떠드는 사람 소리까지 들을 수 있었다.

나는 길을 찾게 되어 잠시 쉴 때 박중위와 이양의 손목을 꼭 잡고 오늘과 같은 고난의 등산은 두 번 다시 해서는 안 된다고 다짐하면서 이제까지 끝내 침착하게 잘 해낸 산행실력을 칭찬해 주고, 나는 아꼈던 물을 모두 마시면서 속 내장까지 시원해지는 기쁜 안도감을 느끼기도 하였다.

그 때 어두워진 절벽에서 그 위험하고 힘들었던 역경을 무사히 이겨내고 달 밝은 산기슭에 셋이 앉아, 오붓한 감회에 젖어 어쩔 줄 몰라하던 박중위와 이양의 모습을 지금도 앞으로도 영원히 잊을 수가 없을 것 같다.

그곳에서 다시 길을 따라 30여 분 올라가 밤 9시30분에 봉정암 산장에 도착하였는데 이날 산행은 꼭 15시간 걸렸다. 봉정암 산장의 방 한 구석에 자리를 펴고 라면을 끓여 셋이서 나누어 먹고는 침낭에 드니 밤 10시가 훨씬 넘는다.

이맘때쯤 집에서는 저녁기도를 하며 주모경을 읊고 있을 아내와 딸 셋의 모습이 머리에 그려진다. 무사하게 오늘 위험한 산행을 마쳐 준 은혜에 감사하면서 워낙 심신이 피곤하여 바로 단잠에 빠져들었다.

그 때 강인하지 못한 체력과 현지정보 부족, 미숙한 산행실력 등 그 대가로 죽을 고생을 치른 것은 자책하지 않을 수 없었으나 어떻든 사상 사고를 면할 수 있었던 것은 대단히 운이 좋았었고 한편, 그렇게 무리를 하지 않고는 용아장성 종주 기회가 쉽게 있겠는가 하고 자문도 해 본다.

1982. 4. 6.

●용아장성 가을(3)

●사기막골 겨울
북한산 뒤쪽에 노고산 앞쪽으로 넓은 효자리계곡에는 사기막골이 있다.
이곳에서 보이는 북한산 전경은 시내 쪽에서보다 훨씬 색다른 정취가 있다.

3 철길과 산

- 철도산악회를 '산악연맹'체제로 바꾸던 시산제
- 대통령기 한국철도산악연맹차지
- 행화촌 살구꽃잎 띄워 마신 마지막 이별주
- 토우회모임 산행 행보

●해질녘 숨은벽

북한산 백운대와 인수봉 사이, 눈에 잘 띄지 않는 곳에 숨어있는 암능이라 하여 붙여진 이름이다. 공휴일이면 수많은 세미 클라이머들이 줄지어 오른다.

철도산악회를 '산악연맹'체제로 바꾸던 시산제

전국의 철도 산악인들은 매년 바쁜 일정에도 연례 철도산악행사 때마다 수시 만나면서 우의도 다지고 한편 행사를 통하여 업무 정보의 교류나 친선, 단합 등 철도업무 면에도 직·간접으로 기여를 하고 있다.

지난 1982년 연초 1월 31일에 본청의 철도산악회 본부에서는 1982년도 시산제를 북한산 제5야영장(보현봉 아래)에서 개최하게 되었다. 이 제5야영장은 서울 평창동에서 자동차로 접근하는데 가까운 거리에 위치하여 있고, 또 넓은 야영장, 맑고 깨끗한 옹달샘, 그리고 주변 경관이 좋은 곳이다. 이날따라 한겨울인데도 날씨가 따뜻하여 참가자 전원 등산참여와 시산제 행사 진행, 그리고 흥겨운 소주파티 등 모두 다 잘 진행되었다.

이 날 행사 참여 전원(제물 준비원은 제외)은 정릉 북한산 입구 청수장 앞에서 10시에 모여 산행을 하면서 시산제 행사장에 도착하는 것으로 하였는데 시간 전에 50여 명이 넘는 회원이 미리 나와 일부는 좀 일찍 출발

●매년 시행하는 시산제 행사

매년 년초가 되면 산악회에서는 무사고 안전산행을 기원하고, 산악 동호인 간에 친목을 다지는 시산제를 한다.

하도록 하여 코스를 〈보국문 → 대성문 → 일선사 → 제5야영장〉으로 12시쯤 되어 모두 도착하도록 하였다.

매년 이맘때 지내는 철도산악회 시산제는 연초 수도권 철도 산악동호인들이 한자리에 모여 지난 한해의 산행 이모저모를 돌이켜 보면서 새해 산행의 무사·안전을 기원하고 산신께 감사하면서 동호인 간 친목을 도모하는 연중 첫 행사이다.

특히 이날은 제사 음식이나 술이 푸짐하여 전과 다름없이 동호인 선후배 간에 격의 없이 화기애애하게 잘 진행하였다. 시산제 행사는 13시에 개최하기로 하고 이미 12시에 도착한 50여 명이 넘는 행사 참석자들은 제5야영장을 가득 메워 함께 동행한 여러 소속 단체나 모임끼리 둘러앉아 버너에 불을 붙여 고기를 굽고 밥을 지으며 벌써부터 술을 한 잔씩 곁들여 행사 시작 전인데 일찍부터 얼굴에 화색이 돌고 소란해지기까지 하였다.

이번 시산제에는 모처럼 안창화 본 청장(제12대)이 참석하였는데 안청장은 우리 철도청 산악회장직을 3대(6, 8, 9대)에 걸쳐 연임하였었다. 그리고 대산연(대한산악연맹) 서울시연맹 권효섭 회장과 시연맹 임원 몇 명도 함께 참석하였다. 이 날 제주(祭主)는 김영관 본부 산악회장(제11대, 본청 차장)이었고 시산제 진행은 윤자훈(1989년 교통사고로 사망) 총무가 담당하였다.

13시가 조금 넘어 참가원 모두 집결하여 차려 놓은 제상 앞에서 식순에 따라 시산제를 진행하였다. 매년 시행하던 시산제이므로 모두 익숙해져 시산제는 짧은 시간에 끝내고 다시 각자 식사하던 제 자리로 되돌아가 식사를 하면서 일부 회원은 서로 간 자리를 옮겨 다니며 술잔을 돌린다. 이런 날은 산악동호인 간의 우의를 새삼 다짐이라도 하듯 전체 분위기는 홍겨운 열기로 진지해져 서로 그간 못 다한 많은 대화를 이런 기회에 격의 없이 털어놓는다.

이날 참석 단체 중 대산연에서도 참석하였으므로 주목할 만한 중요한 철도산악회 안건으로 본부의 간부들이 모인 자리에서 김영관 회장과 안 청장은 철도산악회 조직개편에 대한 소신을 역설하게 되었다. 그 요지는 철도산악회는 전국에 걸쳐 4만 명 이상의 종사원이 있는 거대 단체 직장으로 산하에 15개 단위 산악회가 예속되어 있는 국내 최대의 산악조직체인데도 현재 서울시연맹 산하에 철도산악회가 예속된 것은 적절치 않으므로 앞으로 철도산악회(본부)는 서울시연맹 산하에서 탈퇴하여 독립적 연맹체제로 격상하여 따로 갈 것을 내외 산악인 앞에서 선언(?)하게 된 것이다. 물론 이 자리에는 서울시연맹의 권효섭 회장이나 몇 명의 시 연맹 임원 그리고 철도산악회 임원도 모두 함께 한 자리였다.

철도산악회는 1979년에 서울시연맹 산하 단체로 가입하여 현재에 이르기까지 시연맹으로 하여금 많은 도움을 받아 왔었고 더욱이 권효섭 서울시연맹 회장은 안 청장과 고등학교 선후배 관계로 알려져 있어, 더욱 서울시연맹과 철도산악회와는 각별한 관계가 되어 왔던 것도 사실이었다. 그러나 현재의 철도산악회 입장은 날로 새로워지는 큰 틀을 지향하면서 종전과는 다른 모습으로 크게 성장하려는 기반을 마련하고자 연맹체제로서의 전환문제를 이날 공표하게 된 것이다. 한편 철도산악회 과거 역사와 위상을 보면 철도산악회는 1964년에 공식적으로 창설하였으나 그 이전부터 조직으로서 활동하여 1962년 2월 설악산 죽음의 계곡에서 한국산악회 20명 조난(10명 눈사태로 압사) 사고 시 구조요원으로 2명을 파견하여 구조활동을 하였었고, 1979년, 1980년에는 대한산악연맹 주체 전국대통령기 쟁탈대회에서 2회에 걸쳐 입상하였으며 1980년부터는 매년 연례행사로 전국철도인 등산대회 및 자연보호 캠페인 행사를 전국 산하 15개 단위 산악회가 1박2일로 참여하여 성대하게 개최하는 등 매우 활발한 산악운동을 전개하고 있어 현재 직장 단위 산악회로써는 국내 어느 단체보다 규모로나 활동 상황을 보아 우월한 조건에 있어 이번에 연맹 체제로 개편 격상하려는 것이었다.

이번 시산제에서 제기한 바와 같이 철도산악회가 대산연 서울시연맹 산하에서 독립하여 전국적 "연맹체제"로 개편하면서, 동시에 본 산악연맹을 사단법인화하여 조직을 재정비하고 활동범위를 대외적으로 더 넓히면서 우선 대내에서는 산악운동의 질적 개선에 주력하여 명실공히 직장 산악운동 발전에 한 부분이나마 기여할 수 있는 계기가 되어야 할 것을 다짐하게 된 것이다.

전국의 철도산악인 2000년 시산제 참가자
경기여주 인근 우두산, 2000. 2. 27

이 날 서울시연맹 측에서는 아쉬워하였으나 철도산악회 발전을 위해서 이해를 구하면서 시산제 행사를 모두 끝내게 되었다.

그리고 그날 이후 여러 차례 걸쳐 철도산악회 임원회의를 거쳐 정관을 개정하고, 1982년 6월 13일자로 '한국철도산악연맹'으로 격상하였으며 그리고 동시에 사단법인화 행정절차를 추진하던 중 몇 차례 본 연맹 임원의 교체, 청사의 대전 이전 등으로 법인 인준을 못 받아 좀 아쉽게 되었다.

1982. 6.

<추기>

앞의 원고는 산행수첩을 넘겨보다가 철도산악인들의 한때(1980년대 본인도 젊은 YB시절) 활동하던 모습들이 생생하게 떠올라 지난번에 '철길과 산'지에 게재하게 되었다

지금은 급변하는 IT시대에 들어서 철도 YB나 OB의 주변 환경도 많이 변하여 그전처럼 모든 여건이 만만치 못하여 아쉬운 생각도 든다. 그러나 그때나 지금이나 한번의 '철도산악인'으로 인연을 맺고 입문하였으면 영원(?)한 '철도산악인'이다. 그 당시 활동하던 YB가 현재 모두 '한국철도산악연맹OB(공식명칭 철우산악회)'가 되어 산악 활동을 오늘도 지속하고 있다.

현재 현직에서 맹활동하고 있는 철도산악인 YB여!

그대들도 곧 OB로 돌아오기 전에 '영원한 철도 산악인'에게 두고두고 기억으로 남겨둘만한 멋진 산악 플랜은 없는지, 아직은 활력이 넘치는 오늘의 YB들에게 기대하여 본다.

대통령기 한국철도산악연맹 차지

제15회 전국등산대회

철도산악연맹은 1964년에 창설하여 대통령기 차지대회에 제12회(1979), 제13회(1980), 제14회(1981) 3회에 걸쳐 출전한 바 있었으나, 이번 제15회 때(1982. 7. 4) 네 번째 출전하여 드디어 본 연맹에서 역사적인 종합우승으로 대통령기를 차지하게 되었다.

이 대회는 대한산악연맹 주체로 매년 전국적 규모로 행정구역 도청단위 대산연별로 옮겨가면서 실시하는 국내 최고 권위의 산악행사이다. 이 행사를 통하여 국내 산악운동 활성화는 물론 산악 문화발전에 많은 기여를 하고 있어 모든 국내 유수의 산악 단체에서는 이 행사에 적극 참여하여 치열한 경쟁을 하고 있는 실정이다.

철도산악연맹에서는 이번 대회에 대비하여 연맹에서 사전에 평소 산악활동에 뛰어난 모범회원 4명을 선발하여 본 연맹에서 처음으로 대한산악연맹산하 등산학교에 입교시켜 고난도 등산 훈련을 수련시켜 출전하였고 그리고 김재근 본회 회장 등 전 임원이 총동원되어 대회 지원에 전력하였다.

전국등산대회
대통령기를 차지하고
선수와 임원

이번 대회에 출전한 선수들의 전력을 살펴보면 전체적으로 지난 대회 때의 경험을 바탕으로 철저한 실전 대비를 완벽하게 하여 선수들 실력이 뛰어났던 점이 좋은 성적을 얻어 종합우수상을 수상하게 되었다. 이번에 출전하여 처음부터 마칠 때까지 대회경위를 대략 살펴본다.

본 연맹 4명의 선수(본청 경리국 조한익, 설계사무소 조광수, 건설국 김양수, 서울공작창 이용희)는 2박3일의 산행에 필요한 막영구, 장비, 식량 등을 휴대하여 이번 대회를 주관하는 경기·인천산악연맹 소재지 인천에 집결하여 그곳에서 1박을 하고 다음 날(7월 3일 토요일) 인천 자유공원 개회장에 전 선수가 집결하여 오한구 대한산악연맹 회장의 대회사에 이어 이효상 심사위원장의 격려사와 교육부차관의 축사가 있은 다음 바로 본 대회 심사에 들어갔다.

먼저 선수들의 휴대장비 및 식량 심사 시에는 심사원 40여 명이 각 분담별로 세심하게 시문이나 장비 휴대 상태 등을 철저히 확인하며 체크하였는데 본 연맹 팀은 아무런 지적도 없이 무사히 통과하였을 뿐 아니라 만족 할만 하였다고 하며, 이 심사를 마치고 곧이어 출전 선수들은 관광버스에 분승하여 다음날 등반하게 될 관악산 막영지인 과천 한일중고교의 운동장에 도착하여 천막을 치고 심사를 받게 되었다.

이 심사는 다행히 본 연맹 선수들이 얼마 전에 등산학교에서 배운 실력을 십분 발휘하게 되어 능숙한 솜씨로 천막을 설치하고 장비를 정리. 정돈하여 자신만만하게 이 심사도 잘 끝냈다. 그리고 이곳 천막에서 하룻밤을 자고 다음 날(7월 4일 일요일)은 이번 대회의 하이라이트인 산행을 하며 심사를 받게 되었다.

막영장에서 아침을 먹고 7시부터 관악산 종주 산행이 시작되어 시차별로 출발하는데 본연맹 선수들은 7시40분에 도면에 표시된 대로 관악산(과천쪽) 계곡의 좌측 능선을 따라 오르게 되었다. 묵직한 20kg의 배낭을 메고 능선을 오를 때는 좀 긴장한 모습이었지만 자신에 찬 긍지를 갖고 힘도 안 들이고 가뿐한 걸음으로 올랐다. 정상부가까이 암벽지대에 도착하여서는, 실제 암벽동작 심사를 하는데 주로 안자일렌과 확보자세 시험을 치렀으나 다행히 이곳에서도 등산학교에서 배운 실력으로 심사위원이 칭찬할 정도로 지일 시 8법을 자신있게 해냈다고 한다.

나는 윤자훈 총무와 함께 응원 차 이곳 등산로 정상부근에 미리 올라가 본 연맹 선수를 기다리고 있다가 선수가 접근할 때 "철도 파이팅!" 하고 외치며 미리 준비한 간식과 식수를 주면서 잠시 쉬도록 하고 격려하였다.

이날 대회 종점인 안양유원지 서울대학교 수목원 앞에 본 연맹 선수는 12시30분에 도착하면서 이번 대회출전 전 과정은 모두 완료하게 되었다.

관악산 암능을 오르는
철도산악연맹 선수들

이곳에서 본 연맹 응원단과 점심을 함께 먹고, 15시에 다시 출전 선수 및 많은 참여 산악단체 응원단을 집결시켜 이번 행사 심사결과를 발표하게 되었다.

모두들 긴장한 가운데 차례대로 발표하는데 오한구 회장이 "최우수 종합 우승팀, 철도산악연맹!" 호명하는 순간 관악산이 떠나갈 정도로 참가자 모두가 찬사의 환호와 박수갈채를 보내 주면서 축하해 주는 영광을 철도산악연맹에서 차지하게 된 것이다.

참으로 감개무량한 최고 영예의 수상이었다.

등산대회는 산이라는 대자연 속에서 심신수련이나 극한 상황의 대처와 암벽등반의 기술과 지식, 그리고 자연보호관련 상식 등을 겸비하여야 하는 산악문화 행사로써 일반 스포츠 경기와는 구분되어야 한다고 생각한다. 특히 우리나라는 전국토의 70% 이상이 산이므로 등산 문화는 전문산악인이 아니더라도 전 국민에게 절대 필수적인 것이며 이를 적극 보급하기 위한 이와 같은 등산대회는 매우 중요한 산악행사라 할 만하다. 본 연맹에서는 이번 대통령기를 차지하면서 철도에서도 국내 유수의 산악단체 중 최고의 경지에 오르게 된 자부심을 갖게 된 반면 전 철도직원의 자랑이 되기도 하였다.

철도산악연맹은 전국 15개 단위 산악회 조직인 4만여 명의 회원보유 대단위 직장 산악 단체로써 이번 수상의 기회가 발판이 되어, 앞으로 철도산악 발전에 틀림없는 거동의 기회가 주어진 것이라 기대하게 되었다. 이날 대회 현지에서는 본 연맹 응원임원과 함께 간단한 자축회를 마치고 바로 귀청하여 보고회를 가졌다.

특히 이번 영예를 차지하게 된 것은 몇 년에 걸쳐 대비한 선수의 기량 향상은 물론 물심양면 희생적으로 지원한 본 연맹 김재근 회장을 비롯하여 전 임원의 노고에 대한 영광의 보상이었다고 생각한다.

1982. 7. 5.

행화촌 살구꽃잎 띄워 마신 마지막 이별주

산우 고 윤자훈 형을 애도하면서

꼭 일년 전 오늘.
고 윤자훈 형 가신 날 일년이 되는 그 날이다.
고 윤자훈 형과 우리 악우(岳友)들이 살구꽃 피는 날,
북한산 행화촌에서
그 꽃잎 띄워 마신 술이
마지막 이별주가 될 줄이야…….

오늘은 식목일(4월5일)로 직장은 휴무일이다. 우리는 작년 봄에 한·중·일(韓·中·日) 3국의 철도산악인 대만 옥산 합동 등정을 앞두고 워밍업 차 고 윤자훈 형과 함께 우리 악우 5명(고 윤자훈, 이정구, 서호종, 김동형, 필자 등)이 작년 바로 이 날 식목일에 평창동 파크호텔 앞에서 8시 50분에 만나 북한산 보현봉, 대남문을 거처 의상능선으로 들어서 국녕사, 대서문, 행화촌으로 하산하면서 꽤 긴 코스 등반을 하였었다.

매년 봄이 오는 이때쯤 이면, 매일 날라 오는 황사 때문에 날씨가 거의 흐렸었으나 작년 만나던 그날만은 맑고 따뜻한 데다 며칠 후에는 우리들이

●**북한산 행화촌(杏花村)**
북한산 대서문 부근 행화촌(杏花村)에는 이른 봄이 되면 화사한 살구꽃이 만발하여 이곳을 지나는 등산객을 유혹이라도 하듯 시선을 끌어들인다.

4,000m급 대만 옥산(3,952m)에 원정을 간다고 모두 좀 들떠 있어 이 날 등산은 길었지만 매우 유쾌한 기분으로 산행을 하게 되었다. 우리는 이 의상능선 끝자락 하산길 국녕사 부근에서는 점심을 간단히 지어먹고 대서문 쪽으로 내려와서 처음 계획대로 행화촌(杏花村)에서 이렇게 좋은 날, 느긋하게 대만 옥산 원정 계획을 논의하고, 겸하여 꽃놀이를 하는 여유를 갖게 되었다.

봄이 오는 계절마다 북한산을 화사하게 장식하는 이곳 북한산 행화촌은 일제 강점기인 을축년(1925) 대홍수 때 이곳 대서문 부근도 많은 농경지가 유실 되었는데 그곳에 당시 많은 살구나무를 심어 경작하였었다는 것이다. 지금도 봄이 오면 살구꽃이 만개하여 주변을 온통 살구꽃으로 덮어 봄

축제라도 시작하는 듯 하다. 그래서 우리 산꾼들은 이 때쯤 살구꽃이 피어 있는 날을 맞추어, 시내 쪽에서 산을 넘고 이곳에 찾아와 적당한 살구나무 아래 꽃놀이판을 벌이게 된다.

모두 둘러 앉아, 앉은 채로 꽃잎을 따 술잔에 띄어 돌리기도 하며, 봄마다 이곳에서 그런 풍류를 거의 잊지 않고 즐기고 있다.

바로 작년 오늘인 식목일에도, 이곳 단골집 가게에서 매실주 몇 병과 도토리묵 안주를 사 들고, 항상 지정된(?) 그 낮게 쳐진 살구나무 아래에 판을 벌여 놓고, 그날은 대만 옥산 원정 준비와 스케줄 등 기본적인 의논을 하면서 우리는 살구꽃잎 술잔을 돌리기 시작하였다.

훈훈한 봄날, 살구꽃 동산, 꽃가지 사이에 해는 아직 의상봉 위에서 서쪽으로 조금 기울어져가고 있다. 달콤한 살구꽃 향기, 술잔을 돌리기 시작하면서 취기가 달아오른다. 만물이 소생하는 이렇게 좋은 날, 산에는 꽃이 있고, 술이 있고, 산꾼이 모였는데 술은 얼마나 더 마셔야 할 것인지, 그러나 주량도 대단치 못한 처지인데도 이런 때 주량 조절은 어떻게 해야 할지.

술은 마약인가. 술꾼이 마술을 하는 건가. 취기가 오르면서 모두들 흥겨워 자연스럽게 노래가 이어졌다.

고 윤자훈 형은 그때도 늘 즐겨 부르는 18번 '그 때 그 사람'(심수봉)을 애절한 음정으로 그 특유의 모션에다 2절까지 열창하여 그 때도 앙코르 요청으로 재창하기도 하였었다.

비가 오면 생각나는 그 사람
언제나 말이 없던 그 사람
사랑의 괴로움을 몰래 감추고
떠난 사람 못 잊어서 울던 그 사람….

그러니까 꼭 10년 전 10·26 사태(1979년) 때 그 당시 신인 가수 심수봉이 불러 급유행을 탔었던 한국 근대사 사건이 떠오르는 노래이기도 하다. 고 윤자훈 형은 이무렵 언제나 이 노래를 즐겨 불렀었고 고 윤형의 가창실력도 수준급이었다. 꼭 1년이 지난 오늘이지만 나는 유독 그 날(작년 4월 5일) 생각이 내 머리에서 떠나지 않아 오늘은 꼭 이 자리에 혼자서 오려고 생각하여 지금 이곳에 오게 된 것이다.

계절은 어김없이 바뀌고 찾아와 금년에도 행화촌 살구꽃 동산은 이날따라 살구꽃이 가득 피어 있었다. 꽃송이는 앞으로 2~3일 더 지나도 만개한대로 좋을 것 같았다. 작년에 피었던 그 나무 그 가지에 핀 꽃은 하나도 달라진 것이 없는 것 같고, 살구꽃 특유의 달콤한 향이나 소담스런 꽃송이들도 그대로이었다. 또 가까이에 우뚝 솟아 있는 의상봉이나 원효봉 등 암봉들도….

아무 것도 달라진 것이 없다. 눈에 어른거리는 고 윤자훈 형의 미소 띤 모습이 내 마음에 생생하게 다가오는 느낌뿐이다.

작년에 이 자리에서 살구꽃잎 띄워 마시던 술이 그렇게도 우리 산꾼들을 슬프게 남겨 놓고 떠나가는 이별주였었단 말인가.

나는 오늘 이 자리에 와서 바로 작년 이 날을 생각하며 가버린 산우를 생각하니 너무도 아쉬워 벅차오르는 설움을 참을 수가 없었다. 다시는 이승에서 만날 수 없는 고 윤형을 애도하면서 이별의 슬픔을 달래어 본다.

그대에게 술 한잔 권하노니	勸君金屈巵
잔 넘친다고 사양하지 말게나.	晩酌不須辭
꽃이 필 때는 비바람도 많고	花發多風雨
우리 인생에는 이별도 많으니.	人生足別離

<「권주(勸酒)」 우무릉: 연대미상. 중국시인>

●마지막 만남이 되던 꽃이 핀 살구나무 앞에서
매년 이 살구나무 아래에 둘러앉아, 술잔에 살구꽃잎을 띄어 잔을 돌린다. 이 날도 그렇게 만나고, 고 윤자훈 형(우측에서 두 번째)은 이승을 떠났다.

〈엮은이 주해〉

우리 이렇게 생각해 보면 어떻겠소.
만날 수 있었기에 헤어짐도 있는 것이라고.
스쳐 지나는 수많은 인연 속에서 만날 수 있었으니 다행이라고.
그러니 이별을 슬퍼하기 전에 만날 수 있었음에 감사하자고.
저 연약한 꽃봉오리도 모진 비바람 견뎌낼진대.
이 정도 슬픔이야 이겨내야 하지 않겠느냐고.

<「봄날 친구를 그리며」에서, 채심언>

고 윤형은 당시(1989. 4. 5) 이 곳에서 술자리를 함께 하고는 며칠 뒤

에 6박7일간 대만 옥산 원정을 함께 다녀왔었고 귀국 후 바로 철우산악회 총회를 마치고 귀가 중 교통사고로 유명을 달리하게 된 것이다.

고 윤형은 철도산악연맹 창설(1964. 4) 당시부터 헌신적 활동을 하여 본 연맹을 전국 산하에 15개 단위 산악회를 조직 운영토록 하였고, 한편 한일(韓日)간 철도산악인 교류의 활성화는 물론 국내 유일의 직장 산악 단체의 연맹 체제로써 단연 선두적 지위에까지 올려놓는데 헌신적으로 기여를 하였다.

고 윤형이 사고를 당하던 그날(1989. 5. 23), 용산소재 철우산악회 사무실에서 고 윤자훈 형의 정년퇴임을 며칠 앞두고, 공무원 현직에서 퇴임 이후 YB나 OB산악회 운영과 본인 고 윤형의 거취에 관한 여러 가지 앞으로의 방안에 대하여 본연맹 임원과 함께 논의를 겸하고 또 고 윤형의 앞날을 격려하는 모임을 마치고 헤어졌었는데, 그렇게 헤어진 불과 2~3시간 만에 나는 집에서 비보를 접하게 된 것이다.

그 때는 너무도 황당하여 믿어지지도 않았지만 하늘이 캄캄해지기까지 비통하였었는데 벌써 일 년이 지난 것이다.

인간은 망각의 동물이라고 하지 않는가. 슬픔도 세월이 흐르면서 씻어주나 아직은 쉬 잊혀지지 않을 것 같다. 고 윤형이 우리 곁을 떠났지만, 이승에 있는 우리는 또 바쁘게 살아가면서 기억도 무뎌지는 것이 사실이다. 그러나 우리 악우(岳友)는 오랫동안 산에서 맺은 그와의 정리가 그리 쉽게 잊혀질 수가 없다. 내가 산에 다니기 시작하던 70년대 초부터 고 윤자훈 형과는 늘 가까이에서 거의 여유 시간만 있으면 함께 산에서 지내왔었다. 그래서 그 충격은 더할 수밖에 없다. 그간 20여 년 동안 국내외 많은 산을 다니면서 희로애락을 함께 한 내 인생의 동반자이기도 하였는데 나는 고 윤자훈 형과 헤어짐으로써 앞으로의 내 사생활 행로에도 적지 않은 영향이 있으리라 생각하게 된다. 내가 앞으로 사는 날까지 나는 고 윤자훈 형과의 수많은 추억을 되뇌며 자위를 하겠지만, 너무도 아쉽고 서운한 마음 평생을 떨칠 수 있겠는가. 그리고 늘 그리며 그를 기억하리라.

행화촌 살구나무 꽃잎 띄워 마시던 술잔에 고 윤자훈 형의 '그때 그 사람' 노래하는 모습을….

1990. 4. 5.

■ 고 윤자훈 추모비제막식사 발췌

천국에서 영생을 누리시길 빌면서

존경하는 내빈 여러분!

그리고 산악연맹회원 여러분!

오늘 바쁘신 가운데도 고 윤자훈 본 연맹총무이사의 추모비 제막식에 참석하셔서 뜻있게 해 주신데 대하여 진심으로 감사드립니다. 또한 이 추모비 건립을 위해 흔쾌히 기금을 협찬해 주신 여러분과 건립 추진을 위해 노고를 아끼지 않으신 임원진 여러분에게 심심한 사의를 표하는 바입니다.

오늘은 고 윤자훈 이사께서 영명을 달리하신 지 40일째 되는 날입니다. 아무쪼록 고 윤이사께서는 천국에서 영생을 누리면서 생전에 다 누리지 못한 기쁨과 행복을 마음껏 누리시기를 겸허히 비는 바입니다.

영원한 철도산악인이시고, 우리의 다정했던 산우 윤자훈 형!

50일 전 우리는 오명과 울분과 비탄을 참지 못하며 어둡고 적막하기 그지없는 이 산자락의 땅 속에 윤형을 묻고 떨어지지 않는 발길을 돌려 산 자들의 터전으로 돌아갔습니다. 그러나 지금 이 순간까지도 윤형이 우리 곁을 영영 떠나 버리고 다시는 만날 수 없다는 것이 도저히 믿어지지 않습니다.

〈중략〉

열아홉 홍안의 나이로 6·25사변에 참전하여 1주일 이상을 먹지도 잠자지도 못하며 피비린내 나는 혈전을 치렀어도 생명을 잃지 않았으며 산악운동 중에도 설악산 속에서 여러 차례의 조난을 당하여 사경에 빠졌을 때도 죽음을 면하였기에 우리 모두는 윤형이 불사조처럼 어떠한 큰 위운이라도 극복하면서 천수를 다 누릴 줄로 믿어 왔습니다.

그런 윤형이 어찌하여 그것도 다른 날이 아닌 정년과 함께 새로운 인생을 시작하려는 그 날, 우리 모두의 아낌없는 축복을 받던 그런 기쁜 날에 상상조차 할 수 없는 처참한 모습으로 우리 곁을 떠나시게 되다니 참으로 하늘이 원망스러울 지경입니다.

어린 나이로 조국의 자유와 민주를 지키기 위해 신명을 바쳐 싸우셨고 사회에 나와서는 나라와 철도 발전을 위해 30년이 넘게 헌신·봉사하시면서 산을 지극히도 사랑하여 철도산악운동을 개척하고 발전시킴으로써 우리나라 산악운동에 불멸의 업적을 남기셨는데 운명의 신은 어찌하여 그런 윤형을 그렇게 무참히 앗아갔는지 야속하기 그지없습니다.

윤형을 잃은 우리들의 슬픔은 말로 다 하기란 불가능하겠으나 우리의 가슴 속 깊이 새겨진 윤형에 대한 애틋한 사랑과 우정 그리고 추모의 정을 조그마한 돌덩이에 담아 영택 곁에 세워 놓았습니다.

이것은 결국 윤형을 잃은 우리의 슬픔과 허탈감을 자위하는데 그칠지 모르지만 지금 우리는 윤형의 고독한 영혼을 위안할 길이 오직 이것뿐이니 어찌하겠습니까?

아무쪼록 우리의 이 같은 뜻을 윤형의 영혼이라도 기쁘게 받아 주시고 비바람이 세차게 불거나 찬 눈이 쏟아져 외롭고 차가울 때나 칠흑보다도 더 무거울 고독을 견딜 수 없을 때에는 이 돌에 새겨져 있는

●고 윤자훈 형 추모비 건립

철도산악연맹 O.B 김재근 회장과 회원 30여명은 이날 묘소에 추모비를 건립하고 함께 참배하였다. (1989. 7. 2)

우리의 따뜻한 사랑의 속삭임을 들으면서 위안을 삼으시기 바랍니다.

그리고 윤형을 잃은 부인과 자녀들 그 밖의 유족 여러분의 슬픔을 우리가 무슨 말을 해야 위안이 될 수 있을지 알 수 없습니다만 더욱 건강하고 행복한 가정을 꾸며서 우리 사회에 보람 있는 기여를 할 수 있도록 노력하는 것이 고인을 명예롭게 하는 길이요 영혼을 기쁘게 하는 길일 것입니다.

하루 속히 비탄을 털고 일어나셔서 고인의 생시와 똑같이 희망찬 장래를 위해 활기찬 생활을 계속 하시기를 빌겠습니다.

다시 한번 고 윤자훈 이사가 이 세상에서 보다도 더욱 아름다운 천국의 영생을 누리시기 빌면서 오늘 이 자리에 왕림해 주신 여러분에게 감사드립니다.

1989년 7월 2일

한국철도산악연맹 회장 김재근

토우회모임 산행 행보

어려운 시절을 함께 지내던 친목모임

내가 어린시절 국민학교(지금의 초등학교) 1학년 때 일제 하에서 해방(1945)을 맞았고, 바로 6·25(1950)사변을 겪으며 온 국민이 생사의 기로에서 고생하던 그 시절 겪은 사실을 지금의 젊은 사람들은 별 흥미도 없는 먼 옛날의 소설에서나 있었던, 아니면 남의 일로만 여겨 버리는 세상이 되었다. 그 시절 어린이가 바로 지금의 젊은이들 부모세대가 아닌가.

그 당시는 고생을 하면서도 형제나 이웃간에 콩알 한 개도 쪼개서 나누어 먹을 줄 아는 의리와 우애를 갖고 자란 우리 세대이다.

그 때 얼마나 배고픈 고생을 하였기에 가난만은 대물림 않겠다 말하였을까? 그리하여 필사의 노력으로 이만큼 잘 살게 된 지금의 우리네들 가정이고 바로 이 나라 대한민국이 아닌가.

그래서 현재 그때 세대들 간에서 의리나 정이 유독 진하게 이어지는 이유도 그 시절 어린 몸으로 힘겨운 고생을 하면서 자랐고, 그런 환경에서 적응하여 자아가 성숙된 탓이라 생각한다.

나는 대전에서 자라면서 국민학교와 중학교를 그곳에서 졸업하였고 고등학교는 학비가 면제되는 관비 지급의 '국립교통(철도)고등학교'를 입학하면서부터 철도에 발을 들여 놓아 한평생 그 직장에 몸담는 운명을 맞게 된 것이다. 관비 철도학교를 졸업한 후 철도직장을 거쳐 반세기인 50여 년이 지난 지금에도 나에게는 친형제처럼 가까이 지내는 그때 철도학교 동문 선후배가 비교적 많은 편이다.

그 중에도 '토우회(土友會)' 친목회 멤버는 동기동창 중 또래들끼리 가장 서로가 막역하고 허물없이 가까이 지내는 절친한 친구들이다. 그러니까 30여 년 전(1974년 초) 본청(철도청)에서 근무할 때 평소 자주 만나고 가까이 지내는 친구(이학구, 장기주)와 의논하여 12명(김영식, 문병직, 박동현, 이대희, 이명룡, 이복만, 이우종, 이학구, 장기주, 고 박영선, 고 이기철, 그리고 필자 등) 회원의 모임을 만들어 토우회(土友會)라 칭하고 회칙도 정하여 매년 몇 차례씩 만나 상부상조하면서 가족과 함께 전국에 걸쳐 관광을 하러 다니거나, 집 가까운 곳에서 수시 친목 모임도 가지며 지내오고 있다. 몇 년 전까지만 해도 회원 모두가 철도 현직에 종사하였으므로 근무환경이나 사생활이 서로가 거의 비슷하여 서로를 가장 잘 이해할 수 있는 처지이고 또 지근거리에서 우리는 늘 친근하게 30여 년을 지내오다 보니 지금은 마치 한 가족처럼 가까운 사이가 되었다.

그런 중 세월이 흐르면서 애석하게도 지금은 두 명의 회원이 세상을 떠났는데, 고 박영선은 오래 전(1979년) 당시 부인을 먼저 여의고 어린 자녀들(2남 3녀)을 남겨 둔 채 본인도 어려운 시련을 견디지 못하고 떠나고 말았다. 고 이기철은 직장이나 가정을 성공적으로 잘 꾸려 오다가 지난 2001년 6월에 교회(전농감리교회)에서 "정선 5일장" 관광을 갔다가 심장마비로 갑자기 세상을 떠나게 되었다. 그래서 현재 10명의 회원이 남아 있다.

회원들의 각 가정을 살펴보면 열 집 모두가 다복하게 잘 지내고 있다. 이 모임 초기 때(1975년)에 회원들 엄마 등에 업히고 손에 끌려 다니던 꼬마 애들이 지금은 모두 성장하여 결혼해서 그때 꼬마들이 이제 그들도 사회 중견인으로 어엿한 엄마 아빠가 되어 새 가정을 꾸려 가고 있는 것을 보면서 세월이 얼마나 빠르다는 것을 실감하게 되며 그리고 우리 자신이 나이가 많아진 것을 새삼 느끼게 된다.

최근 토우회 멤버는 거의 일선 직장에서 물러나 개인사업을 하거나 취미생활 등 집에서 쉬며 노후를 즐기고 있는 편이다. 다행히 이제는 시간이나 경제적 여유가 있어, 건강관리 차원에서 우리는 지난 2001년 6월에 북한산(별당)을 등산하면서 매월 2회씩(1, 3주 화, 금요일) 정기 등산을 하기로 단단히 약정하고 '토우회모임'이 다시 시작하는 '등산모임'으로 변모하듯 정기산행을 본격 시작한 것이다.

산행시마다 회원 10명의 참석과 당일 지출경비(회비 부담), 산행 중요 행적 등을 기록하여 연말 가족과 함께 모두 모일 때면 연간 산행실적종합 보고까지 하는 등 그렇게 2년간 수도권의 이름난 산은 거의 모두 다니면서(23회) 잘 진행 되었다. 그러던 중 피할 수 없는 문제의 벽에 부딪히게 되었는데, 하필 한겨울(2002. 2. 26)에 도봉산 포대능선 오를 때 얼어붙은 암능에서 위험을 무릅쓰고 산행을 강행하였더니 일부 회원들이 문제를 제기하는 것이다.

그날 산행이 위험하기도 하였으나 그와 같은 산행은 체력이 달려 못 따라 간다는 것이다. 역시 체력은 나이가 들면 어쩔 수 없이 현실로 나타나므로 긍정적으로 받아들이기로 하여 바로 산행 기본방향을 바꾸도록 하였다.

지금 회원의 평균 나이가 66~67세이나 아직은 모두 건강한 체력을 갖고 있는 편인데도 10명 중 4~5명이 도봉산 포대능선 정도의 산을 못가겠

●북한산에서 '토우회'
반세기(53년)도 더 지난 변함없는 평생 친구들이다. 지금은 친인척보다 더 가깝게 지내게 됐다.

다며 더 낮은 산과 보행에 안전하고 시내에서 접근이 용이한 곳으로 변경하게 되었다. 그런 후 그와 같은 산을 찾다가 과천 서울대공원 산림욕장 산책로(7.4km)를 정하여 이곳을 현재 매월 2~3회씩 모두 만나 다니고 있다. 나와 같이 산을 즐기는 입장에서는 흡족하지는 않으나 이곳은 숲이 우거져 있고 산책로 굴곡이나 구배가 심심치 않게 되어 있어 천천히 2시간 정도 친구들과 느긋하게 담소하면서 걷다가 산막에서 쉬면서 약수도 마시고, 그런대로 이곳은 편의시설이 잘 구비되어 좋은 점이 있다.

그리고 이곳에서는 시간 여유만 있으면 공원 내에 동·식물원 관람이나 산막 같은 시설에서 쉬었다 가거나 더욱이 경노 입장이 무료이므로 우리와 같은 나이 많은 노인층들이 항상 많이 모인다.

나는 현재 이곳 토우회 대공원 모임에도 열심히 참석하지만 본래 산에 함께 다니던 산우들과는 지금도 설악산이나 지리산 등 큰 산 종주산행을 가끔 하고 있다. 그러나 이제는 힘에 벅차 걷는 속도가 그전과 사뭇 다르게 늦어지는데 어쩔 수 없이 체력에 맞춰 천천히 걷는 산행을 지속하고 있는 것이다.

세월은 우리의 체력까지도 점차 쇠약하게 하여 참으로 젊었던 시절을 그립게 한다. 그러나 누가 불로장생을 장담하랴. 흘러가는 세월이 그렇게 자연스럽게 체력을 퇴화시키는데 말이다.

30여 년 전 우리가 젊었을 때부터 이 모임을 통하여 친구 간, 가정 간에 우정이나 친목을 두텁게 쌓아 오는 행적이 얼마나 다행이었는지 이렇게 나이가 들어 큰 보람으로 생각되기도 한다.

이 모임에는 현재 회비 2,000여만 원과 리조트 회원권 1구좌를 갖고 있으며 지난 해(2003. 7)에는 회비에서 500만 원 부담하여 일본관광도 다녀왔었고 앞으로 이 회비는 우리 회원을 위해서 요긴하게 사용될 것이다. 그리고 토우회에서 보유하고 있는 한화리조트(1천만 원)는 가장 장수하는 회원의 몫이라고 결의하여 회원들의 건강 경쟁을 제고하고 있다.

우리 토우회 열 가족의 연결고리가 그동안 많은 날들 희로애락을 함께 하여 온 것처럼 앞으로도 이 모임은 평생 끈끈하고 두터운 정을 나누면서 얼마 남지 않은 여생이지만 모두 다복하게 지내는데 꼭 필요한 친목모임이 되어질 것으로 확신한다.

나는 토우회 회원을 위한 일이라면 어떤 일이든 마다않고 자진 협력하려 한다. 이제 전 회원들이 그전과 같이 본격 산행은 못 할지라도 현재 적극참여 중인 대공원 산책로(7.4km) 워킹만이라도 모두가 오래 지속할 수 있도록 건강이 함께 하길 간절히 바랄 뿐이다.

2003. 10.

산 사진을 찍던 얘깃거리

4 산사진을 찍던 얘깃거리

● 북한산 인수봉

북한산 인수봉은 우리나라 산악인의 요람이요 산악운동의 출발지라고 한다。

- 겨울잠을 깨는 새벽 인수봉
- 설경을 찍던 뒷얘기
- 북한산 비봉(碑峯) 촬영기
- 인수봉에 끌려 '사진전' 열어

●공룡능선 운해

동해 해상에 떠 있는
안개구름은 가끔 설악산
으로 밀려들어 온다.
이 운해가 설악산을
가득 덮었다가
내설악으로 공룡능선을
넘어갈 때는 마치
물결이 넘실대며 흐르듯
운해도 흘러간다.

겨울잠을 깨는 새벽 인수봉

옛 속담에 '산에 가야 범을 잡는다'는 말이 있다.

지금은 3월초인데 아직 산에는 얼음이 녹지 않고 앙상한 가지에 찬바람만 불어 날이 춥고 사진 소재가 변변치 못하다. 그런 핑계로 꿈쩍 않고 있을 수 없는 처지이지만, 왜인지 이번 주말에는 북한산에 꼭 가고 싶어졌다.

토요일 나는 직장에서 집으로 일찍 퇴근하여 사진장비와 산장에서 하룻밤 자고 먹을 것을 대충 챙기고, 마침 아내가 동행해 주어 함께 부지런히 서둘러 저녁을 먹고는 바로 북한산 백운산장으로 가게 되었다. 산에 올라가는 중 도선사 주차장에는 밤 8시가 좀 넘어 도착하여 잠시 쉬는데 밤이 되어서인지 오가는 사람도 전혀 없다. 올라가는 길에 우이산장에 들러 차 한 잔 마시고는 바로 깔딱 고개 쪽으로 들어서, 시내 쪽의 산란한 야경도 보면서 아내와 야기를 하며 천천히 오르는데 아직은 등산로 바닥에 얼음이 그대로 있어 무척 미끄러워 조심하며 올라가게 됐다.

백운산장에는 밤 9시30분쯤 도착하였고 산장 아래층 마루에서 여러 명

●새벽 인수봉
일년 내내 바위꾼들이 모여들던 인수 암봉도 겨울에는 잠시 쉰다. 이제 곧 봄이 오는 날 그들을 맞으려면 바위도 좀 쉬어야 한다.

의 산꾼들이 둘러앉아 소주를 마시면서 굳이 나를 끌어들여 거절도 못하고 합석하게 되었다. 그 자리에서 인수봉 물개 김정남 산꾼도 만났었고, 소주도 몇 잔 하고는 11시가 넘어 나는 잠을 자야겠다고 술자리에서 빠져 집에서 갖고 온 침구(매트리스, 침낭)를 펴고 아내와 마루바닥에 누웠는데 너무 추워서 잠을 잘 수가 없다. 나는 술김에 잠시 잠이 들었다 깨었다 하는데 아내는 한 잠도 자지 못하고 뒤척인다. 너무도 추워 잠도 오지 않아 새벽 5시가 되어 아직 깜깜하지만 더 누워 있을 수 없어 일어나 배낭을 꾸려 메고 플래시를 비추며 백운대에 올랐다.

백운대에는 이제 밝아지면서 시내에서 반짝이던 야경 불빛도 점점 사라지기 시작한다. 거대 인수봉 북동쪽 암벽 면에도 날이 새며 빛이 퍼져 가기 시작한다. 멀리 보이는 수락산이나 그 너머 더 먼 산은 운해에 덥혀 있고 북쪽의 도봉산은 아직 어두워 윤곽만이 멀리 떨어져 겨우 보인다. 마침 인수봉 뒤쪽 우이령에는 엷은 운해가 동녘의 환한 빛에 반사하면서 효자리 노고산 쪽으로 이동하는 최근에 보기 드문 정경이 펼쳐지고 있다.

이와 같이 우이령을 넘어가는 운해는 인수봉 주위를 생동감 있는 분위기로 바꿔 주어 오랜만에 셔터찬스가 오는 것 같아 예감이 좋아진다. 나는 빠른 동작으로 배낭에서 카메라와 촬영 장구를 꺼내 조급한 마음을 진정하면서 날이 밝기 전에(운해가 사라지기 전) 이 곳 백운대에서 카메라 앵글을 바꿔가며 몇 컷 찍는데 곧 바로 날이 밝아지면서 운해가 벌써 사라지려 한다. 불과 20~30분 사이에 벌어진 이와 같은 보기 드문 정경을 잡으려고 늘 기다려 왔던 기회가 오랜만에 내게 주어진 것이다.

이와 같이 인수봉에서 운해를 맞는 경우는 좀 보기 드문 광경이기도하다. 사진을 전문적으로 안 찍는 사람이 볼 때는 별 것도 아닐 수 있다. 그러나 산 사진을 찍으려는 사람에게는 절호의 기회이며 행운이라 할만하다. 이런 기회는 어저께 산장에서 밤새 추위에 떨며 잠도 못 자고, 날이 새기 전에 백운대에 올라오는 고역을 치루면서, 또 이날 동행해 준 아내는 심한 감기에 걸려 몸져눕게 되었던 부담스러운 일까지 생기게 되었으니 이날 새벽 사진의 대가는 어느 만큼 치른 결과인 듯하다.

'산사진'을 촬영하자면 기의 촬영할 때마다 힘든 일을 겪게 된다.

좋은 사진을 얻으려면 더한 고생을 반복할 수밖에 없다. 이보다 더한 고역을 참고 지속하는 만큼 촬영기회를 더 얻게 된다는 평소 그런 소신이 이날도 그나마 한 장의 사진을 얻게 된 것이라고 생각한다.

수도 서울의 도심에 위치한 북한산 인수봉(810.5m)은 거대 암봉으로 백운봉, 만경봉과 함께 삼각암봉(三角岩峰)으로 한때는 이 산 이름을 삼각산(三角山)이라고도 하였었으며 이 중 인수봉은 우리나라 산악인의 요람이라고 할 만큼 모든 산악인에게 사랑의 대상이기도 하다.

나는 몇 년 전부터 '인수봉'을 주제로 촬영하면서 이 봉우리에 관한 관련 자료들을 수집하는 한편 인수봉을 중심축으로 하여 여러 방향과 원근거리(북한산권 외곽), 그리고 시간이나 계절을 가리지 않고 촬영하던 중 이번에 새벽 백운대에서 이 기회를 얻게 된 것이다.

이제 3월이 시작되어 며칠만 지나면 인수봉도 깊은 겨울잠에서 깨어나 따뜻한 남풍을 맞아 암봉 여기저기에는 초록빛 새싹이 돋기 시작하고 연분홍 진달래꽃으로 장식하는 화사한 봄이 오는 날 전국의 알피니스트들은 암벽을 즐기며 이 암봉에 가득 붙어 젊음을 만끽한다. 그런 인수봉에 이번 우이령에서 간밤을 머물던 운해가 날이 새며 넘어가는 '긴 겨울잠을 깨는 새벽 인수봉' 정경을 만들어 주어 마침 내게도 행운의 촬영 기회가 되어진 것이다.

'산사진'은 자연의 산 모습 그대로이어야 하나 실제는 사진제작 조건이 꼭 그렇게 되어지지 않으므로 어떻든 산의 참모습에 근접하도록 여러 가지 방법으로 효과를 시도하게 된다. 실제 산은 어느 때나 똑같은 모습이 아니며 그 날 기상조건이나 계절, 일광, 시간에 따라 항상 변화된 모습으로 다가온다. 우리나라처럼 산이 많고 사계절 변화가 뚜렷한 조건만으로도 아름다운 금수강산의 사진 소재는 풍부하다고 본다.

그러나 좋은 사진을 얻으려면 시도 때도 없이 사진 장비를 메고 산 속에 묻혀 산에서 들리는 소리까지 그 분위기를 사진 속에 담으려는 의지와 노력이 있어야 된다고 생각한다. 한 컷의 사진을 얻자면 촬영 장소에 몇 번이고 출동하여 셔터 찬스가 올 때까지 몇 시간이나 며칠 간 막영을 하면서까지 기다릴 때가 있게 된다. 그런 노력을 하다 보면 좋은 사진을 얻을 수 있다고 확신한다. 직장인의 경우 참으로 버거운 일이기는 하나 좋은 사진을 얻을 수 있다는 희망을 갖고 매달리게 되면 웬만한 고역은 보통 즐거움으로 감수하게 되어 한편 다행한 일이기도 하다. 그리고 모름지기 '산사진'을 찍으려면 먼저 산을 잘 알고 이해하여야 한다. 그러자면 전문산악인은 못 되더라도 등산을 통한 강인한 체력과 폭넓은 자연 경관에 대한 이해와 지식을 터득하면서 인내심을 갖고 꾸준한 노력을 반복해야 한다. 그러다보면 '산사진'의 진수를 알게 되어 있다. 이렇게 실력을 쌓으면서, 고달픈 작업이기는 하나 이에 끌려들면 거의는 재미도 생기고 산과 사진에 매혹되어 진다.

그리고 카메라의 파인더를 통해서 보는 변화무쌍한 아름다운 풍치와 서

●우이령을 넘는 새벽운해

우이령고개에 밤새 머물던 운해가 날이 새며 고개를 넘어 간다. 이와 같은 정경은 지리산 같은 큰 산에서 흔히 있는 일이나, 북한산에서도 가끔 보게 된다. 이 산은 그리 높거나 넓지는 않으나 심산유곡(深山幽谷)의 산이라 할만하다.

터 끊어지는 묘한 소리에까지 매료되기 시작하면 십중팔구 '산사진' 늪에 빠지게 되는 것이다.

태풍이나 억수같이 쏟아지는 비바람이 칠 때 산장에서 비가 그치기를 며칠이고 기다리다 보면 어느 순간 비가 그치면서 운해가 깔리고, 운해 속에 솟은 봉우리에 햇빛이 반짝 비치는 희한한 정경이 펼쳐질 때가 있다. 이처럼 좋은 산사진을 얻자면 날씨가 좋지 않을 때 셔터찬스가 오는 때가 많아 그런 경우를 대비하여 오히려 악천후에 예민한 관찰을 하여야 한다.

이번 인수봉 새벽 사진은 백운산장에서 우리 내외가 추위에 떨며 잠도 못 자고 날이 새기 전에 백운대로 올라 고생한 대가로 우이령고개에 조용히 넘어가는 운해를 잡아, 귀한 한 장의 살아 있는 사진이 된 것이다. 보통 좀 색다른 산사진이라면 거의 이런 과정을 거쳐 얻으며 결코 편안한 조건에서 사진기만 들고 다닌다고 촬영이 되는 것은 아니다.

1987. 3. 7.

설경을 찍던 뒷얘기

눈 오는 날 서둘러야 했던 일

좋은 산사진을 찍으려는 욕망

오래 전부터 산에 가는 날을 약속하게 되면, 나는 미리부터 그날이 조급하게 기다려진다. 나는 언제나 산에 가기 전날 저녁까지는 그날 산행 목적이나 스케줄에 따라 구분하여, 필요한 사진장비와 비상 식품에 이르기까지 일체를 빠짐없이 배낭에 챙겨 넣고 또 입을 옷이나 양말 등 의류도 준비하여 배낭위에 올려놓고 잠자리에 드는 습관이 되어 있다, 어떻든 꼭 필요한 것을 빠뜨리지 않게 하기 위해서 이것저것 미리 챙겨놓고 다시 선별하기 때문이다.

특히 필수적인 사진 기본 장비 대략 4~5kg 만큼은 항상 배낭에 넣고 다니게 되어 늘 등짐이 무거워 좀 고생이 되기도 하나 어쩔 수 없다

나는 몇 년 전만해도 산에 오르면서 힘에 벅찬 어떤 경우에도 잘 견뎌 냈었지만 최근에는 나이 탓인지 한계가 오는 것 같아 심신이 위축되어지는 것을 실감하게 된다. 나는 꼭 10년 전(1993. 11.)에 첫 번째 개인 사진전 '인수봉(파인힐 갤러리)'을 하였었다. 그리고 그 후 한국철도 창립 100주

년(1999. 9.) 기념에 즈음하여 서울역 문화관에서 두 번째 '북한산' 사진전을 준비하였다가 그때 문화관이 갑자기 폐쇄되어 전시회를 못하게 되었으나 계속하여 북한산 전역 구석구석을 누비면서 더 좋은 사진을 찍으려 다니다가 이제는 내 자신이 사진 늪에 푹 빠져(?) 지금 여기서 헤매고 있는 것이 사실인 것 같다. 제대로 찍지도 못하면서, 그러나 나는 과욕이긴 하나 이곳 서울의 진산인 북한산 사진 만큼은 최고의 사진을 찍고 싶은 욕망을 지금도 버리지 못하고 있다.

오랜만에 많이 온 눈을 찍으러

최근에 몇 년간 북한산에서 겪은 설경 촬영 경우를 보면 2000년 당시에는 서울지역에 몇 년 동안 눈이 별로 오지 않았다. 2001년에 들어서 연초(1월 7일) 서울지역에 20년 만에 대설이라고 떠들썩하며 강설량 20~30cm가 왔었다.

그때 나는 눈이 온 다음날 아침 일찍, 사진장비를 메고 우이동 버스 종점에서 무릎까지 빠지는 눈을 헤치고 도선사 주차장까지 차도를 따라 힘겹게 걸어 올라가서(자동차 운행 중지), 그곳에서 다시 있는 힘을 다하여 하루재를 겨우 넘고 인수산장을 거쳐 21휴식처에 도착하였다. 정작 이곳에서부터는 더 힘든 눈길을 내어, 백운대 쪽이나 인수봉 뒤쪽을 가야 되는데 힘에 부쳐 도저히 발을 더 움직일 수 없어 그 자리에 주저앉았다. 아무래도 다시금 마음을 바꿔 하산하지 않을 수 없게 되었다. 기진맥진한 상태에서 '사람이 우선 살고 봐야지. 그래야 사진도 찍을 수 있지 않겠나' 그렇게 혼자 머뭇거리고 주저앉아 더 가는 것을 포기하였다. 이날 나는 백운대 가까이 올라가 멋진 설경을 찍으려 하였으나 그것은 내 욕심에 불과하였을 뿐 실망을 하면서 되돌아 하산하는데 마음이 씁쓸하기만 하였다.

●겨울 인수봉

인수봉겨울은 싸늘하기만하다. 이 암봉은 거의 직벽으로 되어있어 눈이 많이 와도 벽면에 쌓이지 않는다. 지난해 이 암봉에 가득 메달려 있던 바위꾼은 모두 어디에 있는지 눈에 선하게 떠오른다.

그 한달쯤 후(2월 15일)에는 30년 만에 폭설이라면서 그전보다 눈이 더 쌓여 북한산 입산도 통제되었다. 다음날을 기다렸다가 구파발 쪽 북한산성 길에는 버스가 개통되어 구파발에서 버스를 타고 노고산 앞의 사기막골 효자리쪽 계곡에 들어가 북한산 뒤쪽을 향하여 설경을 촬영하게 되었다.

그리고 며칠 후(2월 24일)에도 갑자기 많은 눈이 또 내려 그 다음날(2월 25일)에는 날씨도 개여 좋아 졌고 마침 일요일이 되어 새벽에 집에서 나와 우이동에서 출발하여 만경대에는 12시 전에 도착하였는데, 이곳에서부터 내려오며 촬영하게 되었다.

이때 등산로 음지에는 허리까지 눈이 쌓였고, 나뭇가지마다 설화가 만개하여 온 산이 흰 꽃으로 덮여 있고, 엷은 햇살에 반사되는 설경은 이곳 북한산에서는 나도 처음 보는 아름다운 겨울 풍경이었으며, 설경이 너무나 좋아 가슴이 뛰는 것 같았다. 잠시 후면 햇살에 설화가 떨어지므로 바쁘게 서둘러 잠깐사이 필름 5롤(사진 50장)을 사용하여 촬영하였다. 북한산 설경촬영은 매년 눈이 올 때 마다 그 전부터 몇 년간 촬영하여 왔었으나 이날 사진이 가장 좋았던 것 같다. 그러나 사진 촬영은 언제나 새로운 것을 추구하게 되므로 오늘의 사진보다는 다음날 더 좋은 사진이 나오길 기대하기 때문에 매년 반복될 지라도 눈이 오는 계절마다 더 좋은 새로운 사진을 또 촬영하게 된다.

2001. 2. 15

병원에서 퇴원하면서 설경촬영 길에

금년 초봄(2003. 3. 5) 날씨가 갑자기 추워지고 싸늘한 바람까지 세차게 부는 날 아침이었다. 나는 집에서 바로 길 건너 동회사무소에 용건이 있어 볼일을 잠깐 보고 나오다가 갑자기 찬바람에 오싹해지는 한기를 느끼면서 뇌경색 증상(왼쪽 얼굴과 수족)이 나타나 곧바로 병원에 입원하던 어처구니없는 일을 당하게 되었었다.

천만다행히 가벼운 증상이 되어 장기간 치료 대상으로 상시 주의를 요하는 경고를 받고 병원에서 일단 퇴원하게 되었다.

그때 입원하였을 때 둘째 날(3월 7일) 병실에 누워 있는데 아침부터 날이 흐려지더니 많은 눈이 내리기 시작한다.

TV에서는 경기도 일원에 대설경보를 발표하면서 서울 시내가 교통대난으로 떠들썩하였다. 병실 창가에서 계속 함박눈이 쏟아지는 것을 보며 내 머리에는 눈 덮인 북한산 흰 봉우리들의 설경이 멋지게 그려지고, 지금쯤 설경 촬영기회가 꼭 좋겠다고 생각되는 등 그렇게 하룻밤을 병실에서 어수선하게 보냈다.

다음날 다행히 퇴원할 수 있어 나는 병세에 대해서도 좀 염려되기도 하였으나 눈이 녹기 전에 산에 가야겠다고 결심하고 평소 가까이 지내는 철도청 홍보실에 근무하는 김종학 님에게 전화로 신변보호상 산행에 동행해 줄 것을 부탁하였더니 선뜻 응해주었다. 다음날(3월 9일) 북한산 도선사 주차장에서 만나 그간 내 병세를 설명해 주면서 내게 이상증세(뇌경색)가 나타날 때(재발)는 2~3시간 이내에 병원 응급실에서 필히 응급처치해야 되므로, 이상 징후시 도와줄 것을 부탁하면서 산에 함께 오르게 되었다.

만약 산중에서 그런 뇌경색 변고가 발생한다 해도 그렇게 긴급히 출동하여 이동할 수 있을 것인지 좀 걱정되었으나 어쩔 수 없는 형편이었다. 다행히 천천히 올라 용암문에는 한 시간 반 가까이 걸려 도착하였다. 그때 숨이 좀 차고 땀이 솟는 정도로 별다른 이상 증세가 없었으며, 그날 등산로 주변에는 많은 눈이 그대로 덮여 있어 이런 상태라면 설경촬영이 꽤 좋을 듯 기대가 되는 등 기분이 유쾌해지며 발걸음이 더 빨라져 촬영 목적지 노적봉에는 용암문에서 삼십분도 안 되어 바로 도착하게 되었다.

이곳 북한산 노적봉에는 눈이 그대로 20~30cm 쯤 쌓여 인적도 없고 조용하였다. 노적봉 앞쪽으로 펼쳐 진 백운대, 만경대. 그 사이로 인수봉 등 거대한 세 암봉의 벽면이나 중간 중간 척척 늘어진 소나무 가지에 두터운 눈이 쌓여 설경은 그런대로 좋은 편이었다. 이런 때 하늘의 구름이나 햇빛이 잘 조화를 이뤄 준다면 오랜만에 볼만한 사진을 만들어 줄 좋은 셔터 찬스가 될 것 같았다.

이렇게 촬영 조건이 좋을 때는 기분이 들떠 마음이 조급해지고 서두르게 된다.

이곳 노적봉에 그전부터 늘 촬영하던 바위에 올라가서 그 위의 눈을 치워 삼각대에 파노라마 사진기를 올려놓고, 카메라 파인더 속에 보이는 탁 트인

●눈덮인 북한산 삼각봉
(백운, 인수, 만경봉)
눈이 많이 온 날이면 기대에 부풀어 사진기를 메고 산으로 달려간다. 그전에도 설경을 찍던 그 장소에 가서 또 찍는다. 더 좋은 사진을 얻으려면 그렇게 몇 번이고 반복하지 않을 수 없다.

세 봉우리의 조화로운 설경은 그런대로 보기 드문 정경이라 할만 하였다. 이제껏 이곳에서 찍던 설경 중 가장 타이밍이 좋았다고 생각되었다.

나는 카메라 촬영장소를 몇 군데로 옮겨가며 하늘의 구름 배치나 햇빛이 이동하는 그늘 등 사진효과를 살리며 노출의 적정이나 과부족(bracketi-ng)등으로 필름(120mm)을 아끼지 않고 과감하게 촬영하여 필름 6롤(사진 36장)을 모두 사용하였다.

나는 오후 4시가 되어 해그늘이 넓여시고 날씨가 추워시기 시작할 무렵 카메라를 철거하고 하산하게 되었다.

내가 어제께 병원에서 퇴원하여 좀 무리를 하였지만, 오늘 용기를 내어 이곳에 설경촬영 하러 오기를 참으로 잘하였다고 생각되었다. 사진을 찍다 보면 풍치가 좋은 기회를 기다리며 많은 날을 눈, 비나 추위를 참으며 고

●북한산 설경
상고대는 해가 떠오르면 바로 녹아 버린다. 눈이 온 날 새벽에 산에 올라야 상고대를 만날 수 있으며, 산에서도 빠른 동작으로 서둘러야 그나마 사진을 얻을 수 있다.

역을 겪게 된다. 사진이 잘되는 이런 날 기분이 얼마나 좋은지 실제 겪어보지 않고는 짐작 못한다.

오늘 그렇게 좋은 사진을 얻게 되어 기분도 괜찮고 올라올 때 긴장하던 때와는 딴 판으로 가벼운 걸음으로 용암문을 거쳐 하산하는 등산로는 많은 사람들이 눈을 밟고 다져 아이젠을 등산화에 맸는데도 꽤 미끄럽다. 나는 조심스럽게 내려오면서, 한편 며칠 전 일을 생각하지 않을 수 없었다.

불과 지난 일주일 전(3월 2일)에는 가까운 산 친구들과 인수봉 뒤쪽 별당에서 느긋한 소주 파티(?)를 하며 하루 산행을 즐기고 자신만만한 기세였었는데 갑자기 내게 닥친 뇌경색 발병으로 지금은 내 처지가 일주일 전 모습과 전연 다른, 병 질환에 철저하게 주의를 요하는 중환자(?) 신세로 전락되어진 것 같다. 흔히 "사람의 생명은 한순간에 무너질 수 있다"는 사실을 직접 체험하면서 내 인생도 새삼 자신 할 수 없다는 것을 절실하게 느끼게 되었다.

나는 지금 왼쪽 팔 다리와 얼굴에 이상증세가 가볍게 나타나 있으나, 이만한 정도의 병세에 오히려 감사하여야 되고 또한 내게 내려진 건강관리의 경고 메시지라고 생각되어진다.

어떻든 이날 조심하면서 노적봉에 올라 그나마 멋진 설경 촬영을 할 수 있었다는 것은 우연이 아니고 나를 이만큼 지켜준 주님께 감사하며 한편 나의 집념이 작은 것이지만 이를 성취시켜 준 것이 아닌가 생각도 해본다.

현재까지 이곳 노적봉에서는 사계절을 통하여 계속 몇 년째 촬영하고 있어 그간 여러 해에 걸쳐 촬영된 설경사진도 있으나 이번 촬영된 것이 가장 좋은 듯하여 더욱 흐뭇해지는 것이다.

그리고 특히 이날 대전(철도청)에서 일부러 올라온 김종학 님이 내 옆에서 산행과 촬영을 보살펴 주고 내가 이번 병원에 입원하여 위축되어진 나의 심신에 한결 용기와 활력을 주어 고마운 마음 금할 길 없게 되었다.

2003. 3. 10.

북한산 비봉(碑峰) 촬영기

엄연한 신라시대 사적(史蹟). 국보 제3호

서울의 북한산은 우리나라 진산(鎭山)이며 오악(五嶽)(금강산, 지리산, 묘향산, 백두산, 삼각산)으로서 백두대간의 정기를 이은 민족의 영산(靈山)이다.

이 산은 1983년 4월에 도봉산과 함께 묶어 15번째로 국립공원으로 지정되어 수도 서울의 도봉구, 성북구, 은평구, 경기도 고양시 지역에 속해 있으며, 가장 높은 백운봉(836.5m)을 정점으로 그 넓이는 도봉산 포함 78.5㎢ 중 북한산 지역은 54.5㎢ 이며 도봉산과는 우이령을 경계로 하여 구분되어 있다.

북한산은 2000여 년 전부터 우리나라 역사와 그 궤를 같이 하여 고대 신라 제24대 진흥왕 16년(서기 555년)에는 한강 이북 북한산 지역을 순행(巡幸)하여 신라 강역을 확장하면서 북한산 비봉(560m)에 순수비를 세웠다 한다. 이 비는 1962년 12월 국보 제3호로 지정하고 파손이 우려되어 원래의 비신은 국립박물관에 보관하고 현재 모조품이 건식되어 있다.

북한산 비봉은 주능선 끝자락 문수봉과 향로봉 간에 가장 높게 솟은 암봉이며, 이곳에서는 사방이 트여 서울 시내는 물론 전망이 광활하고 청명한 날에는 서해 바다까지 보인다.

근대에 이르러서도 이 산에 관련된 역사적 흔적과 우리에게 잊혀질 수 없는 사실들이 많아 이를 미리 이해하고 북한산 산행을 하게 된다면, 이 산에서 느끼는 시각(視覺)이 사뭇 달라질 수 있다. 특히 임진왜란과 병자호란을 겪으면서 조선 문종(1451) 이후 숙종(1675~1720)사이 약 200년간 북한산에는 도성(都城)을 수축(약 9.5km)하고 많은 사찰(13개 사찰)을 창건하였으며, 북한산성내에 행궁(行宮) 120여 칸 등 부대시설과 1,000여 명의 병사 및 승병을 이 산에 배치하여 당시 군사 요새지였었다.

이와 같은 역사적 사실 중 고대사적에 뚜렷한 비봉의 순수비야 말로 북한산에서 가장 오래된 우리나라의 역사적 증표임을 인식한 이후, 나는 이 비봉을 연내(2000년) 집중적으로 촬영하기로 결심하게 되었다.

우선 비봉에 관한 자료를 수집하면서 이 봉우리를 중심으로 주변을 답사하여 사진 촬영에 적절한 장소와 시기를 조사하였는데, 계절적으로는 한여름 강우기에, 저녁노을이나 운해가 있는 날이 좋겠고, 촬영장소는 이곳 비봉에서 향로봉 쪽으로 300~400m쯤 떨어진 거리에서, 그리고 카메라 렌즈는 표준 정도가 적당하고, 일단 그렇게 판단하였다.

이 비봉은 입지조건이나 지형적으로, 그리고 주변 수목들이 산사진으로 특별히 부각할 만한 것들이 만만치 않아 그렇게 결정하고 본격 촬영에 나서게 되었다.

비봉은 서울시내 가까운 거리에 위치하여 이곳에 접근은 구기동에서 출발하여 산행시간은 서둘러 1시간이면 가능하므로 접근하기에도 편리하였다.

●북한산 비봉

신라 진흥왕 16년(서기 555) 왕은 북한산지역을 순행하며, 비봉에 순수비를 세웠다한다. 이와같은 중대한 사적을 찾아 이 비봉을 지난 2000년 여름에 2개월간 집중 촬영하였다.

나는 2000년 8월에 들어서며 날씨와 직장의 형편을 보아가며 거의 2개월간 혼자서 촬영에 나서 현재까지 만족할만한 정도의 사진은 안 되나 내 나름대로 기억에 남을 만한 사진을 한두 장 얻게 되어 다행으로 생각하며 그간 촬영하면서 겪었던 일들을 날짜별로 간략하게 정리하여 보았다.

2000년 7월 29일 토요일

회사(서울 용산소재)에서 14:00시에 출발하여 평창동 비봉 매표소 입구에 15:00시쯤 도착할 무렵에는 장대비가 퍼붓기 시작한다. 우산을 받쳐 들고 산에 오르는데 워낙 더워 옷은 비와 땀에 흠뻑 젖었다. 비봉 능선에는 한 시간 만에 올라 비봉을 뒤로하여 향로봉 쪽으로 가면서 미리 보아둔 촬영장소에 도착하였을 때는 비도 그쳤다. 이렇게 비가 많이 오다 그치는 날은 사진촬영에 좋은 기회가 될 수도 있어 그런 기대를 하면서 19:00시까지 좀 늦도록 기다렸었으나 만만치 않아 그냥 사진도 못 찍고 내려오게 되었다.

2000년 8월 3일 목요일

하늘에 구름이 가득 끼었다 개었다 하면서 날씨의 변화조짐이 보여 이날은 차를 몰고 구기동 이북 5도청 앞 길 옆에 주차하여 놓고, 차안에서 등산복으로 갈아입고 17:30시에 오르는데 비가 오기 시작하드니 금방 소나기가 퍼붓는다.

이 비가 그치고 저녁쯤에 노을이라도 있을 듯한 희망을 갖고 부지런히 오르는 동안 비는 그쳤다. 사진 촬영장에 도착하였을 때는 비는 그쳤으나 구름이 가득 끼어 이 구름이 걷히거나 햇살이 보일 기미가 없다. 사진촬영이 될만한 조건이 안 되어 카메라도 배낭에서 못 꺼내고 비봉을 쳐다보며 서성거리고 있을 수밖에 없었다. 한동안을 기다리다 보니 벌써 날이 침침해 지기 시작하여 19:30시쯤 그냥 내려오게 되었다. 사진을 못 찍는 날이 하루 이틀인가, 늘 다음의 기회에 찍을 수 있겠지 하는 희망을 갖고 차분한 기분으로 여유롭게 하산하였다.

지금은 한여름 휴가철이 되어 산이나 시내에도 조용한 것 같다. 차를 몰고 오랜만에 시내를 빠져나오느라 집에는 22:00시쯤 도착하여 늦은 저녁을 먹으면서도 앞으로 꼭 찍어야할 저녁 노을속의 비봉모습이 머리에 그려지며 떠나지 않는다.

2000년 8월 5일 토요일

오늘은 토요일이므로 회사에서 일과를 마치고 14:30시쯤 느긋이 전철과 버스를 갈아타고 비봉 매표소(구기동)에 가는데 엊그제 같은 소나기가 퍼붓는다. 매표소 처마 밑에서 잠시 비를 피하는데도 그칠 줄 모른다. 더는 머뭇거릴 수 없어 우산을 펴들고 비봉을 향하여 오른다. 금선사(비봉길 산중 사찰) 뒤쪽 비탈길에서부터는 비와 땀에 흠뻑 젖어버리고 골짜기에는 벌써 보기 드문 꽤 많은 빗물이 넘쳐흐른다.

이렇게 비가 많이 오는 날 오히려 잘 하면 한 컷 좋은 사진이 될 듯한 희망과 기대에 부풀어 비를 맞아도 오히려 기대감이 더하여 발걸음이 가볍다.

매표소에서 출발하여 1시간쯤 올라, 비봉 건너편 미리 정해 놓은 촬영장소에는 16:00시쯤 도착하였다.

비는 잠시 그쳤다가 조금씩 내리는데 나는 빠른 동작으로 배낭 안에서 비닐(비막이 판초 대용)을 꺼내 펴고, 끈으로 옆에 있는 소나무 사이에 묶어, 비가 내리치는 하늘을 겨우 가려 비가 안 맞도록 카메라를 삼각대에 설치하여 비봉을 조준하여 놓고, 셔터 찬스가 올 때를 기다리며 쪼그리고 앉아 비봉을 계속 주시하고 있다.

빗방울이 계속 떨어지며 비봉 바로 밑으로 옅은 안개구름이 바람에 스쳐가고 있다. 그런데 하필 이런 때 빛(햇빛)이 너무 약하여 사진에는 좋지 않아 안타깝고 초조한 마음으로 더 좋은 찬스를 기다려 본다. 벌써 19 : 30시, 구름 속에 해도 져가고 비도 완전히 그치지 않으면서 바람은 더 세차게 불기 시작한다. 아무래도 이 날은 기회가 올 것 같지 않아 아쉽지만 비봉을 향하여 설치한 카메라와 비막이 비닐을 철거하고, 소나기속에 올라왔던 길로 내려가는데 금선사 가까이에서부터는 깜깜해져 해드랜턴을 비추며 조심스럽게 하산하였다

2000년 8월 14일 월요일, 8월 16일 수요일

양 이틀간은 맑은 여름 날씨였었으나 가끔 하늘에는 뭉게구름만 떠다녀 행여 저녁노을이라도 있을까 하여 오후 16:00시 이후에 올라 해 질 때까지 이틀간이나 기다렸었으나 허탕만 치고 다음에 또 도전하기로 하면서 가벼운 걸음으로 내려오게 되었었다.

2000년 8월 20일 일요일

이 날은 장마가 시작되면서 서울지역에는 호우경보를 발령하였는데 많은 비가 오고 있었다. 이런 날 그냥 있을 수 없어 비봉에 가던 중 비봉 매표소에서는 입산을 통제하고 있다. 사정하여 허락을 받아 올라가는데 비바람이 거세게 몰아친다.

그 빗줄기 속에 비봉 촬영하는 장소에는 그리 힘들이지 않고 올라갔지만 그곳은 능선이 되어 강한 바람으로 서 있을 수가 없을 정도였었다.

나는 이 날도 비속에서 판초우의(비닐은 약해서)를 나무사이에 단단히 끈으로 묶어 비바람 막이를 하여 놓고 카메라를 설치하여 촬영태세를 갖추고 또 기다려 본 것이다.

이날 비바람은 전례 없이 강하게 불어 이런 날 순간적으로 비가 멈추고 햇빛이 반짝하면서 운해가 산자락에 깔리는 절호의 셔터 찬스가 오는 때가 있다. 바로 그런 기대 때문에 지금 인내심을 갖고 여기서 이렇게 비바람 속에 기다리게 되는 것이다.

그런데 이 날도 하늘의 먹구름 속에 장대비도 그치질 않아 할 수 없이 어두워질 무렵 19:00시쯤 다음날 또 도전하기로 하고 판초를 걷고 올라왔던 길로 다시 내려오게 되었다. 이렇게 헛고생을 반복하여도 후회스럽거나 실망하지 않는다. 왜냐면 이렇게 반복하다보면 꼭 멋진 비봉의 사진이 얻어

질 것이라는 확실한 신념 때문이다.

2000년 8월 27일 일요일, 9월 3일 일요일

장맛비도 그치고 가을로 들어서는지 하늘은 유난히 맑아지고 녹음은 짙어 있지만, 지금 내가 찾는 사진조건에는 맞지 않는다. 비봉 암벽에 황혼의 노을이라도 있을지 몰라 해질 무렵까지 또 기다려 보았으나, 서쪽 하늘이 뿌옇게 흐려져 이런 날은 사진이 안 되는 날이다. 이틀간 거의 똑같은 날씨로 사진을 찍지 못하게 되었다.

2000년 9월 11일 월요일

이 날은 음력 14일 추석 전날이다. 철도청에 근무하는 김종학 님과 함께 달맞이 겸하여 오후 17:00시쯤에 비봉 앞쪽 사진 촬영지 바위 능선에 앉아 둘이 이런저런 얘기를 하며 달이 떠오르기를 기다리는데 이 날은 추석 전 날이 되어 등산하는 사람도 없어 조용하기만 하였다.

한동안 기다려 아직은 깜깜하지도 않은데 달은 멀리 동쪽 시내 상공에 떠오르면서 비봉 벽면을 조금씩 비추기 시작한다.

처음 상상하였던 대로 밤에 보이는 비봉은 불야성을 이루고 있는 수도 서울에 우뚝 서있는 수문장 같은 거대한 모습이다. 이날이 보름은 아니지만 엷은 구름에 가려진 달빛 아래 비봉과 서울의 야경이 사진기법상 이미지 표현이 잘 안되더라도 나는 이와 같이 서울에 우뚝 서 있는 비봉 중심의 분위기가 강조된 사진을 촬영하고 싶었다. 몇 장 사진을 촬영하다 보니 구름 속에 해는 벌써 져 버리고 시내 야경 불빛이 이곳까지 비쳐 그리 깜깜하지는 않으나 사진도 별로이고 찬바람이 불어 춥기만 하다. 카메라를 철거

●서울을 지켜보는 비봉
서울 도심이 야경으로 들어가기 직전인데, 달은 벌써 상공에 떠 엷은 구름에 가려있다. 비봉은 밤낮 어느 때나 수도 서울을 가까이에서 지켜보고 있다.

하고 21:00시쯤 올라왔던 길로 둘이서 얘기를 하며 내려왔다.

2000년 9월 13 일 수요일

장마철이 지났는데도 비가 계속 며칠째 오고 있다. 지금은 회사에서도 추석연휴 중이므로 산에 가는 시간은 자유로워 한결 부담이 적다. 어떻든 비봉 사진을 한 컷 해야 하는데 아직은 좋은 기회가 주어지지 않아 내 머리에서는 비봉이 늘 떠나지 않는다.

이 날도 비를 맞으며 평창동 비봉매표소에서 17:00시쯤 올라, 비봉능선 사진촬영장 근처까지 올라갔는데 세찬 비바람이 몰아쳐 근처 소나무 숲으로 들어가 우산을 펴들고 비바람을 피해 한동안 서성거리면서 기다리고 있게 됐다. 만약 이 비가 그치면서 비봉 아래로 짙은 운해가 깔리고 햇빛이라도 순간적으로 든다면 이곳에서는 최고의 사진을 얻을 수 있을 것 같다. 그런 상상과 기대를 하면서 이곳을 떠나지 못하고 한동안 서서 있는데 비바람은 더 세차고 추워져 온다. 오늘도 또 헛고생인 듯하여 비를 맞으며 내려오게 되었다.

아쉬운 마음으로 뒤쪽을 돌아보며 1시간 가까이 금선사 부근에 왔을 때, 이게 웬일인가 !

비가 잠시 멈추는 듯 하드니 서쪽 하늘이 갑자기 붉어지면서 시내 쪽 63빌딩 넓은 벽면이 빨갛게 달아올라 유별나게 반사되어 나는 즉각 뒤돌아 비봉을 보는데 깜짝 놀라지 않을 수 없었다. 비봉 벽면이 노을빛에 붉게 타오르고 있지 않은가. 아차! 정신이 번쩍 든다. 바로 저 장면을 사진에 담으려고 이곳에 계속 오고 있는데, 참으로 안타깝다.

지금 저 노을은 곧바로 사라질 것이므로 촬영장으로 다시 올라 갈 수도 없고 그냥 후회스럽기만 하였다.

그곳 촬영장에서 기왕에 30분쯤 더 참고 기다렸었으면 그렇게 바라고 기다리던 비봉의 노을장면을 촬영하였을 텐데 참으로 서운하게 되었지만 할 수 없는 일이었다.

저런 현상은 우기에 어쩌다가 순간적으로 몇 분 동안 비쳤다가 금방 사라져 버린다. 그래서 산에서 사진을 찍자면 비가 오는 날에도 산에 올라가서 비가 그치며 순간적인 장면을 인내심을 갖고 기다려야 하는데, 하필 오늘 좀 소홀하게 30여분 일찍 내려와 기회를 놓친 것이다.

나는 후회만 할 수 없다. 비봉의 그 장면을 머리에 담고 계속 도전할 것을 다시 다짐하면서 어두워진 산길에 해드랜턴을 비추며 내려왔다.

2000년 9월 17일 일요일

오늘이 일요일이지만 회사에 일이 있어 용무를 마치고, 용산에서 15:30시에 비봉으로 출발하면서 며칠 전(9월 13일) 놓쳐버린 노을 장면이 너무나 아쉬워 오늘은 해질 때까지 그곳 촬영장에서 기다리기로 작정하였다.

이날 촬영장 능선에는 17:30시에 일찍 도착하여 그곳 촬영장에서 비봉을 향하여 몇 컷 찍고는 좀 여유로워 앞쪽으로 떨어진 비봉으로 가서는 직접 정상에 올라가 북한산 전역을 조망하고 있을 때 향로봉 쪽(서쪽)에서 노을 조짐이 나타나기 시작한다. 나는 순간 놀라 빠른 동작으로 비봉 정상에서 뛰어 내려와 처음 올라왔던 능선 촬영장소로 되돌아 달려갔다. 추측했던 대로 서쪽 끝 하늘에서 노을이 들기 시작하면서 비봉에도 붉은 물이 들어간다.

나는 촬영장소에 도착하자마자 카메라를 삼각대에 설치하여 비봉을 향해서 셔터 레리스를 신나게 누르기 시작하였다. 렌스도 바꿔 가면서 비봉의 노을 색조가 변하는 시차를 두면서 필름을 아끼지 않고 그간 비 맞고 못 찍었던 욕구를 채우느라 해가 완전히 저 어두워질 때까지 필름(120) 3롤(사진 30장)을 잠깐 사이 사용하게 되었다.

그나마 다행으로 이제 마음이 조금은 안정이 되어간다. 이제까지 이곳 비봉을 거의 두 달간 촬영 한답시고 요란을 떨며 다니면서 만족스런 사진은 아니었지만, 그런대로 이날 찍은 사진으로 그나마 이 정도에서 만족하면서 이곳 비봉 촬영은 이제 끝내기로 하였다.

앞으로 또 집중 촬영하여야할 스케줄이 기다리고 있기 때문이다. 나는 수 일 내로 노적봉 촬영장으로 자리를 옮겨 또 부지런히 만경대, 백운대 쪽 사계절 파노라마 촬영을 지속하여야 한다. 이번 비봉 촬영은 처음부터 강우기를 택하여 2개월 가까이 50여 컷 촬영하였으나 이중 1~2컷만 사용하게 될 것이다. 그리고 그간 이쪽 비봉은 교통조건이 좋아 촬영장소 접근이

●비봉 노을

멀리 서산에 해가 지면서 갑자기 붉은 노을이 비봉 벽면에 들기 시작한다.
회색 암봉이 점차 진한 적갈색으로 물드는데 참으로 환상적인 순간이다.
잠시 후에는 해도 지며 곧바로 어두워져 무거운 침묵만 남게 될 것이다.

용이하여 그나마 쉽게 끝낼 수 있어 다행이었다고 생각된다.

<참고자료>

북한산 신라진흥왕순수비(北漢山新羅眞興王巡狩碑)

- 1962년 12월 20일 국보 제3호로 지정되었다. 비신(碑身)의 높이 1.54m, 너비 0.69m, 두께 0.16m이다. 훼손이 우려되어 국립중앙박물관에서 보관하고 있음.
- 지금까지 발견된 4기의 진흥왕순수비 중 하나로 화강암으로 된 이 비석의 형태는 다른 비와는 달리 직사각형으로 가공된 석재를 사용하여 자연암반 위에 2단의 층을 만들고 세웠다. 비신의 상단에 1단의 촉을 만든 것으로 보아 원래는 개석(蓋石)을 덮었던 것으로 추정된다.
- 비문은 비신을 연마(硏磨)한 후 정면에 12행을 새겼으나 윗부분은 심하게 마멸되었고 제12행은 판독이 불가능하며 그밖에도 자획이 분명하지 않은 곳이 많다. 따라서 1행의 자수도 확실하지 않으나 30자가 넘을 것으로 보인다.
- 비석 측면에는 1816년(순조16)과 그 다음해에 완당(阮堂) 김정희(金正喜)가 실사내독한 사실이 기록되어 있으며 이후로 세상에 알려지기 시작하였다.
- 현재 많은 부분이 절단 또는 손상되었고 비신의 뒤쪽에는 적지 않은 총탄 흔적이 남아 있다. 비문에 명기되어 있었을 연호간지(干支)가 마손되어 건립연대는 확실하지 않다.
- 진흥왕 16년(555), 왕이 북한산에 순행(巡幸)한 사실이 있으나 이를 곧 비의 건립연대로 보기는 어렵고 남아있는 글자의 내용을 검토하면 진흥왕 29년(568) 이후 진흥왕 생존시의 일로 추정된다.

(Daum.net 자료 중 일부)

인수봉에 끌려 '사진전' 열어

북한산은 서울의 진산이며 우리나라 오악(금강산, 묘향산, 백두산, 지리산, 삼각산)으로써 백두대간의 정기를 이은 2000여 년 전부터 우리나라 역사와 그 궤를 같이하여 왔다. 특히 조선왕조에서 1394년 10월에 이곳 북한산 지역, 서울에 정도한지 600여 년이 지나 오늘에 이르고 있다.

북한산은 도봉산과 함께 1984년 국립공원으로 지정되어 총면적 78.5㎢ 중 북한산은 54.5㎢이며 매년 국내에서 가장 많은 등산객 500만 명 이상이 오르고 있다. 북한산 이름은 종전에 삼각산(三角山)이라고 하여 백운봉(836), 인수봉(810), 만경봉(800) 등 3개 암봉이 뿔처럼 둘러싸여 있어 붙여진 이름이다.

이 중 인수봉은 거대 암봉(岩烽)으로 우리나라 산악인들의 요람이요, 산악운동의 산실이라고 알려져 있고, 등정 바윗길이 60여 개소나 된다. 이 봉우리에서 1960년대부터 인공암벽 시대를 열어 오늘에 이르고 있으며, 지금도 연일 젊은 알피니스트들이 거미떼처럼 바위에 붙어 암벽등정을 즐기고 있다.

나는 이 봉우리에 매혹되어 이번 '인수봉 사진전'을 열면서 사진집 첫머리에 이렇게 적었다.

<전시 사진집 머리글>

인수봉을 지켜보며

동녘의 햇살이
북한산 바위 봉우리에 닿을
무렵이면 서울의 하루가 시작된다.
한강과 마주하여 웅장하게 솟은 바위봉!
눈을 들면 손에 닿을 거리
알피니스트들의 요람이며 수도 시민 모두에게는
행복과 사랑의 상징이기도 하다.

꽃 피고 달이 뜨는 정겨운 날이나
눈비가 몰아치는 음산한 날에도
온유하고 장엄하게만 보이는
거대한 바위산 인수봉은
언제나 변화된 모습으로 다가온다.

철철이 무수히도 변하는 정경들을 지켜보며
한 순간이나마 영상에 담아보나
하찮을 뿐 너무도 부족하고 무력함을 느낄 뿐이다.
그러나 산에 머물 때마다 마음 가득히 겹쳐 쌓이는

아늑하고 신비스런 감회가 더 없는 보람이 되어
나는 또 달려가지 않을 수 없다.

1993. 11.

●전시회 포스터

인수봉은 보는 방향이나 위치에 따라 어느 곳에서 보더라도 거대한 암봉(岩峰)으로 눈에 잘 뜨인다. 접근이 용이한 백운대 부근에서 보이는 인수봉은 멀리 도봉산까지 시야가 트여 위에서 내려 보이는 인수능선을 모두 볼 수 있다. 이곳에서는 사계절 꽃이 피고 눈이 올 때까지 볼거리가 많아 더욱 경관이 좋다. 또 노고산 쪽(북서)에서 오르다 보면 거대 인수암능 전체를 가까운 거리에서 옆으로 보여지는데 만약 달이 밝은 밤, 달그늘에는 참으로 신비한 분위기 속에서 거대 암능이 비스듬히 누워 있어 마치 그 모습은 여인이 누워있는 조형물과도 같이 착각한다. 이와 같은 거대 인수암봉이 주변 암봉과 어우러져 북한산을 찾는 많은 등산인에게 사랑을 듬뿍 받고 있다.

나는 북한산을 오르다 인수봉을 자주 접하게 되면서 마음속에 이 봉우리가 차지하기 시작하더니 이 암봉을 가까이에서 보게 되면 반갑게 느껴지고, 한동안 못 보게 되면 궁금해져 간다. 어쩌다 서울시내와 멀리 떨어진 거리에서 보이게 되면 신기한 듯 더 반갑게 느껴진다. 이렇게 끌려 나는 오래전(1987년 4월)부터 이 암봉을 사진에 담아보려 결심하고 타이틀을 '인수봉'으로 정하여 집중촬영에 들어간 것이다.

실제 촬영에 최선을 하는데도 그렇게 뜻대로 되지도 않고 작품이라야 맘에 차는 것도 솔직히 별로인데, 전시회는 하게 되어 그저 송구스럴 뿐이었었다. 그러나 원로선배나 동호인들을 전시회에 초대하여야 될 입장이므로 그 글을 이렇게 적었다.

<초대장 글>

"산에 오르다 찍은 사진"

산에 오르면 생기가 돕니다.
그 안에 머물면 심신이 포근해지구요.
그리고 그 산봉우리를 대하면
긴 이야기꽃이라도
피어질 듯 합니다.
첫 사진전에 모시고 싶습니다.

초대일: 1993. 11. 16(화) 오후 6시

산사진을 촬영하자면 먼저 산을 이해해야 한다. 그렇게 하자면 산으로 깊이 끌려 들어갈 수밖에 없다. 사진기술이나 사진감각만으로는 산의 참 모습을 표출할 수 없다고 생각한다. 나는 고등학교 때 미술대학에 진학하려고 그림 공부를 하다가 뜻을 못 이루고 1970년대에 직장에서 가끔 산에 오르며 사진도 촬영하다가 1982년~1983년 틈틈이 사진 공부(홍순태 선생님, 김종태 선생님)를 하면서 사진에 대한 진수를 터득하게 되어 그 무렵부터 전적으로 산사진 촬영에 들어서게 되었다.

산사진 촬영은 힘들고 피곤한 작업인 것 같다. 촬영에 들어갈수록 어려워지는 것이 사실이다. 사계절을 통하여 밤낮 시간대를 가리지 않고 산에 올라가도 어쩌다 운이 좋으면 촬영기회가 주어진다. 어둠에서 동이 트며 능선에 넘나드는 운해가 어우러진 장면을 잡으려고 폭우나 태풍이 오고 갈 무렵에도 산에 있어야만 행여 전개되는 장면을 촬영할 수 있어 미리 산에 올라가서 무작정 기다려야 한다. 이처럼 연중 촬영 목적지에서 촬영대기 상태가 되어야 하니 아마추어로서는 참으로 버거운 일이 아닐 수 없다.

나는 이번 '인수봉 사진전'을 준비하면서 6년 동안(1987. 3~1993. 10) 약 200여회(187회) 북한산에 오르며 산사진 촬영 약 2,000여 장(120, 슬라이드필름) 되나, 이 중 전시장에는 겨우 27점 선정하여 전시하였을 뿐이다.

나는 전업사진작가가 아닌 형편이고 현직(공무원)에 매여 있어야 하므로 사진에만 전념할 수 있는 입장이 아니었다. 그러나 그 간 주어진 여건에서 산사진 촬영에 최선을 다한 것 같다. 그리고 나는 어디까지나 아마추어로서 다만 내 자신이 산과 사진에 워낙 깊이 매료되어 이 일을 스스로 만족하며 앞으로 적당한 시기에 개인적으로 '사진집'이라도 만들까 생각하고 있었을 뿐이었다. 그러던 중 평소 존경하며 지면이 있는 사진계 원로 이경모

사진계 원로(우로부터 이경모 선생님, 임응식 선생님, 홍순태 선생님)께서 친히 전시장에 들러 격려해 주셨다. 한편 나는 홍순태 선생님의 문하생이었고, 이경모 선생님은 이번 전시회를 전적으로 주선해 주셨다.

(李坰謨) 선생님께서 직접 전시회를 주선해 주신 것이다. 전시장 '파인힐 갤러리'는 전시전에 사진을 미리 심사하고 전시장 사용료 면제와 액자 무료 대여, 종합사진집 제작 등의 혜택이 주워지고, 전시장이 서울 중심지에 있어 교통편 등 편리한 점이 있어 이 곳을 이용하는 데는 경쟁적이었다. 전시회는 14일 간(1993. 11. 16~11. 30)하였는데 사진계 원로이신 이경모 선생님은 줄곧 전시장을 부살펴 주셨고, 임응식 선생님, 김근원 선생님, 홍순태 선생님 등 사진계와 산악계 여러 원로께서 오셔서 격려하여 주셨다. 그리고 사진계 잡지사인 사진, 영상, 사진예술, 사람과 산, 등에서 각각 2페이지씩 전시 사진을 게재하여 주었으며, '사람과 산'에서는 화재의 인물 인터뷰(오희삼 기자) 기사를 4페이지, '사진예술'에서는 사진평(홍순태 선생님) 등 각각 1994년 1월호에 게재하여주었다.

한편 전시회 사진집 끝장에는 이번 사진전을 하게 된 동기와 도움을 주신분들에게 인사말을 간략하게 적었다.

〈전시 사진집 끝머리 글〉

● 첫 사진전을 하면서

오래 전(1971) 출장을 가던 길에 틈을 내어 설악산에 들러 보았다. 그 후 그 곳에 매료되어 틈만 나면 매년 몇 차례씩 설악산 등반과 촬영을 하였다.
그러던 중 십여 년 전에 홍순태 선생님과 김종태 선생님께서 지도하신 사진 진수에 대한 이해의 계기가 되어 직장생활의 영역을 못 벗어나 나름대로 적극성을 갖고 산과 사진의 연관에 대하여 몰두하게 되었다.
1987년 4월부터 인수봉에 매달리기 6년째 되었으나 이렇다 할 사진도 없이 내놓게 되어 송구스럽기까지 하지만 앞으로도 계속 인수봉을 촬영하려 한다.
특히 이번 전시회를 적극 지도 편달하여 주신 이경모 선생님, 정문사문화(주) 민재기 사장님, 한국철도 기술협력회 이기철 부이사장님, 한국철도산악연맹에서의 물심후원 등 감사한 마음을 금할 길 없다.

나는 처음으로 개인 전시회를 하면서 진행절차나 여러 가지 일 처리가 매끄럽지 못하였다고 생각하나 2주간 무난히 마치게 되었다. 안내장, 안내 포스터를 제작하여 여러 곳에 홍보를 하여서인지 기대보다는 성황을 이뤘다고 갤러리 큐레이터(조정렬 실장)가 전해 주었다. 특히 직장 동료, 선후배의 분에 넘친 축하와 격려가 있었으며, 방명록에는 300여 명이 격려의 글을 남겨 주었고 화환이나 화분은 사양하였는데도 20점이 넘게 배달되어 와서 전시장 분위기도 좀 어울리지 않은 것 같아 다른 장소에 옮겨 치우기도 하였다. 여러 면으로 본의 아닌 많은 선후배 동료에게 누를 끼친 것 같아 전시회를 마치고 부담감만 생겨 마음이 편치 않게 되었었다. 솔직히 변변치도 못한 사진으로 전시회를 하게 되었지만 이를 계기 삼아 앞으로는 '북한산 인물' 타이틀로 인수봉에 어우러진 포트레이트(인물)를 촬영하면 좋겠다고 생각하였다. 그러나 이 작업도 꽤나 어렵겠으니 한번 시도해 보고자 하는데 만약 포트레이트가 안 되면 북한산 전체를 다시 더듬어 들어가 촬영하는 것도 괜찮을 듯 생각하였다. 어떻든 더 좀 조용히 생각해 보고 또 다시 출발해 보고자 한다.

• 사진평

-파인힐 갤러리-

홍순태(사진가, 신구대 · 홍익대 교수)

정현모는 사진을 찍기 시작한 것은 오래되었지만 직장을 가진 아마추어 사진가이다. 사진이 우리 생활 속에 깊이 파고들면서 사진은 많은 사람들이 쉽게 접근할 수 있는 취미생활로 각광을 받아 일요 카메라맨이나 사진 동호인들이 이제는 전국에 수 만 명에 달한다. 정현모는 그 중 한 사람임에는 틀림없다. 그러나 그 평범한 많은 사람에게서 벗어나는 길은 무엇일까?

정현모의 과제는 바로 여기에 있는 것이다. 많은 아마추어 사진인들이 공모전 위주로 사진을 시작하여 일시적인 명예에 급급할 때 그는 자신만의 사진을 추구하려고 노력했다. 바로 그것이 프로 정신인 것이다. 자신이 몸 담고 살고 있는 서울, 서울의 북쪽 하늘에 우뚝 솟은 북한산, 삼각산, 도봉산 그 중에서도 그는 인수봉만을 택하여 고집스럽게 7년간을 도전했다.

바로 이러한 지구력과 인내와 부단한 노력이 한국의 사진인들이 가야 할 길이 아닌가 생각된다. 그 사진이 잘 찍었다 못 찍었다 이전에 그 정신이 높이 평가되어야 한다는 점이다.

그는 춘하추동, 글자 그대로 눈이 오나 비가 오나 비바람이 치나 인수봉에 올랐다. 그리하여 계속적으로 변모하는 계절에 따른 시각, 아침, 정오, 저녁에 변모하는 광선에 의한 색감, 때로 암벽을 오르는 알피니스트의 스포츠 정신의 부각에 이르기까지 인수봉에 얽혀진 7년간의 스토리가 집약된 사진이 정현모의 '인수봉'인 것이다.

은근과 끈기에 의한 그의 집념은 비단 사진이라는 한정된 매체를 다루는 카메라맨으로서만 아니라, 우리 젊은이들의 정신이 되고 모든 국민이 가야 할 길을 제시한 사진인 것이다. 전시와 함께 아담하게 펴낸 그의 작품집도 훌륭한 기록이 된 것이다.

이제부터 그가 해야 할 일은 단순한 자연 관조의 재현에만 머무를 것이 아니라 보다 진취적으로 나아가 자연을 자신의 주관에 의해서 해석하고 접근하여 추상화시키므로 새로운 이미지 구축을 할 수 있도록 노력해야 할 것이다.

<'사진예술'지에서 (1994. 1.)>

●대서문 행화촌(杏花村)
대서문쪽 북한산 자락에 이른 봄이면 살구꽃이 만개한다. 을축년(乙丑年,1925) 대홍수 때 농경지를 잃은 자리에 살구나무를 심어 오늘의 살구촌(행화촌)이 되었다 한다.

부록 5

역사 속에서 다시 보는 서울의 진산(鎭山) 북한산

●북한산성 봄
화사한 봄은 이곳 북한산성에도 한창 찾아오고 있다. 동장대와 성곽은 수도 왕궁을 사수하려는 조선시대의 잊혀진 역사를 다시 우리에게 보여주는 것이다.

1. 머리말

조선왕조에서 1394년 10월부터 서울에 정도(定都)한 지 이제 600여 년이 지난 반면, 북한산은 2000여 년 전부터 백제건국신화에 등장한 기록을 가진 채 현재까지 우리의 역사와 함께 등장하고 있다.

신라시대 진흥왕은 즉위 후 16년(555년) 한강 이북 북한산 지역을 순행(巡幸)하여 신라강역을 확정하면서 북한산 비봉(560m)에 순수비를 세웠고, 고려 현종 원년(1010년)에는 고려 태조 왕건의 재궁(임금의 관)을 부아산(북한산) 향림사에 안치하였다. 또한 삼각산(三角山)이라는 북한산 이름은 고려 성종 12년(993)부터 1000여 년 간 전례되고 있었다.

북한산은 우리나라 오악(五嶽)으로써(금강산, 지리산, 묘향산, 백두산, 삼각산(북한산)) 백두대간의 정기를 이은 민족의 영산(靈山)이며 1983년 4월에 도봉산과 함께 묶어 15번째 국립공원으로 지정되었다. 북쪽의 의정부 사패산에서부터 남쪽으로 서울 불광동에 이르기까지 수도 서울의 도봉구, 성북구, 은평구, 경기도 고양시 지역에 속해 있으며 가장 높은 백

●북한산 장대(將臺) 중 가장 큰 동장대(東將臺)

시단봉 정상에 있는 이 곳 장대에서는 남북 장대와 행궁 등 성 안팎을 모두 살필 수 있다.

운봉(836.5m)을 정점으로 그 넓이가 78.5Km^2 중 북한산 지역이 54.5Km^{2}이다. 도봉산과의 정확한 구분은 우이령을 경계로 하여 북쪽은 도봉산이요 남쪽은 북한산이다.

북한산은 산 전체가 화강암으로 형성되어 1억 5천만 년 전 지구의 지각 변동 때 굳어져 지표의 절리(節理)와 표면의 풍화작용으로 지금의 모습과 같은 백운봉이나 인수봉 같은 거대한 암봉과 기암괴석들이 형성되었고 또한 그 안으로 들어가 심산유곡(深山幽谷)에는 옥로수 같은 맑은 물이 흐르고 있다.

우리는 이와 같은 천혜의 아름다운 북한산과 늘 가까이 하면서도 이 산에 담겨진 오랜 역사적 관점에는 무심하여 거의는 이를 그냥 지나치게 되

●대남문과 북한산 암봉전경(岩峯全景)
북한산에서 산행을 하다 보면 이곳 거대암봉이나 심산유곡(深山幽谷)의 정경이 어느 산 보다 아름답게 느껴진다.

는데, 한번쯤은 지나온 북한산 역사와 오늘의 실태를 살펴보면서 이 산을 접한다면 한결 새로운 의미의 산으로 돋보일 것이다.

그러므로 이 글 내용은 역사 개관 위주로 편집하였으며, 오래 전부터 그간 수집된 여러 자료 중에서 가능한 쉽고 정확하게 이해를 돕고자 일부는 자료자체를 그대로 발췌하거나 인용하였음을 미리 이해하였으면 한다.

2. 북한산의 역사개관(歷史槪觀)

북한산은 2000여 년 전 우리나라 역사와 그 궤를 같이 하면서 오늘에 이르고 있다.

약 600년 전 조선 건국 초에 무학대사(無學大師)는 이 산의 백운봉에서 만경봉을 거쳐 서쪽 비봉까지 이른 적이 있다 하며, 조선 세종 때 수양대군(首陽大君)은 규표(圭表 :천문 관측기 일종)를 바로 잡기 위하여 보현봉에 올라가 해가 출입하는 것을 관측하였다. 특히 고려조와 조선조의 문신이나 문인들은 북한산을 유람하거나 답사하면서 수많은 시문(詩文)과 기문(記文)을 남겨 전하고 있는데, 당시 풍광이 빼어난 산영루(山映樓)는 문명(文名)이 높은 문장가들이 시문을 읊었던 활동무대였었다고 한다.

북한산 응봉 아래에 위치한 고려시대의 사찰 삼천사(三千寺)에는 3천 명의 승려가 도를 닦고 있었다 한다.

그리고 임진왜란과 병자호란으로 수도 한양이 점령당하고 왕이 멀리 피신하는 사태가 발생하였던 사례에 대비하여, 조선 숙종은 북한산성의 절대

● 대서문(大西門)

의상봉 서쪽 해발150m 위치에 있고, 북한산성 15개 성문 중 가장 규모가 크고, 그리고 옛날 성곽 정문이라 하였으며, 1970년대에 다시 복원 되었다.

필요성을 인식하고 왕 37년(1711년 10월), 전란의 피난처로 6개월만에 7,620보(步)(약 9.5Km)에 이르는 지금의 북한산성을 축성하였고 이어 외성(外城)으로 1713년에 탕춘대성을 축성하였다.

식민지시대에는 일본 헌병대가 북한산성 내에 주둔하여 북한산을 거점으로 활동하는 우리나라 의병과 독립군을 저지하려고 북한산성 내 웅장한 120여 칸의 행궁(行宮)과 대부분의 시설 및 사찰을 불태웠다고 한다. 1927년 3월에는 백운대에 철난간을 설치하고 철심을 박아 민족의 정기를 말살하려고 하였으나 철심은 1980년대에 모두 제거되었다.

1950년 6·25전란의 1·4후퇴 직전에는 미군들의 작전에 의하여 후퇴하는 천 수백 명 인민군을 북한산성 내에 몰아넣은 후, 원효봉과 의상봉 능선에서 기관총으로 난사하고 비행기로 융단폭격까지 하여 산성 내의 인명

피해는 물론 문화유적지까지 초토화 되었었다. 1970년대 초까지도 산성 주위의 잡초 속에는 어쩌다 인골이나 전쟁유품 잔해들이 보이곤 하였다.

이와 같이 한 시대의 역사는 상상을 초월하는 사태의 연속으로 이어져 앞으로도 영원히 지속되어질 것이다. 따라서 이러한 역사의 자취 위에 북한산이 지나온 과거와 현재 실태를 좀더 구체적으로 살펴보기로 한다.

1) 북한산(北漢山)이름의 유래

북한산의 역사는 현존하는 기록으로 볼 때 앞에서도 언급했듯이 2000년 전으로 거슬러 가며, 그 이후 오늘에 이르기까지 산 이름도 몇 차례 바뀌고 있다.

가) 최초의 이름은 부아악(負兒岳)이었다고 한다

• 삼국사기에 의한다면 기원전 18년 백제 온조왕(고구려 동명성왕 아들)은 형 비류(沸流) 등과 함께 고구려에서 새로운 정착지를 찾아 한산(漢山)에 이른 후 '부아악(負兒岳)'에 올라가 살만한 땅을 살펴본 일이 있었다고 한다.

부아악이란 뜻은 바로 암봉(岩峯) 뒤에 애를 업은 듯한 바위가 붙어 있는데 이를 지칭했던 것 같다. 지금도 인수봉 상봉에는 거대한 귀바위가 그대로 붙어있다.

• 삼국사기의 제사지(祭祀志)에는 부아악(負兒岳)은 신라시대 소사(小祀)를 지내던 명산대천(名山大川)의 하나로 '부아악'이란 명칭이 계승되었다고 한다.

●북한산 뒤쪽의 전경

북한산은 거의 도심(都心) 위치에 있어 어느 지점에서도 접근이 용이하고, 보이는 방향에 따라 산의 모습도 다양하며 아름답다.

• 고려사의 현종세가(顯宗世家)에는 현종원년(1010) 현종9년(1018)에 거란의 침공으로 고려 태조 왕건의 재궁(梓宮:임금의 관)을 두 번이나 부아산(負兒山)의 향림사에 안치하였다, 기술하고 있다 한다.

(향림사는 현존치 않으나 향로봉 남쪽 기슭에 있었던 것으로 추측됨.)

나) 일명 횡악(橫岳)이라고도 하였었다

고구려와 말갈이 공모하여 백제의 함성을 공격할 때 백제 무령왕 7년(507) '횡악(橫岳)'이라는 이름이 등장한다. 횡악(橫岳)은 북한산의 백제시대 부아악(負兒岳)의 일명으로 더 많이 불려진 이름이다.

두 이름의 의미를 살펴보면 '부아악'은 산봉우리가 뿔처럼 뾰족하게 생겨〔부아〉 불〉 뿔뫼〕라는 뜻이 후일 삼각산(三角山)과도 연관되고, 횡악(橫

岳)은 북한산의 한산(漢山) 곧 큰산(大山) 의미를 지닌 산 이름으로 추정된다.

다) 삼각산(三角山)으로 지금도 불리어진다

'삼각산'은 최근에도 북한산의 이름으로 불리어진다. 〈고려사절요〉의 성종12년(933)조 기사에 의하면 '삼각산'이라는 이름이 나오기 시작한다.

고려 현종(1007~ 1031)때까지 '부아악'이라는 이름으로 불리어 지다가 고려 정종(1035)부터는 '삼각산'으로 바뀌어진 것으로 추정되며, 그 이후 1960년대까지 '삼각산'이라는 이름이 지속되어 지금도 노년층에서는 '삼각산'이라는 명칭에 친숙한 편이다.

라) 현재는 북한산(北漢山)이다.

백제 건국사화에 의하면 북한산은 산 이름이 아니라 땅 이름이다. '한강 이북의 한산(漢山)지역'이라는 의미로써 한강유역 일대를 일컫는 것이다.

따라서 백제시대에는 부아악(負兒岳), 횡악(横岳), 고려시대 이후 삼각산(三角山)이란 이름은 1000여 년 간 불리어진 이름이다.

일제시대 조선총독부 고적조사위원의 1915년 〈조선 고적조사 보고서〉에 의하면 "북한산은 경성(京城)의 북방에 솟아 있는 조선의 명산으로써…(생략)… 이 산은 삼각산으로도 일컫고 달리 화산이란 이름도 있다"고 기술한다.

그런데 삼각산 이름이 오늘날 북한산(北漢山)으로 정착된 것은 1983년 4월에 도봉산과 함께 묶어 '북한산 국립공원'으로 지정되면서, '삼각산' 이름이 현재의 '북한산(北漢山)'으로 변경된 것이다.

●북한산 산성의 축성

조선조에서도 외적의 침공을 겪은 후, 이를 대비하여 숙종 37년(1711) 4월에 성곽을 긴급 착공하여 6개월 만에 현재의 산성을 축성하였다.
(성곽둘레 2,620보, 약 8.5km)

2. 북한산성의 축성(北漢山城의 築城)

가) 삼국시대의 북한산성

〈삼국사기〉에 의하면 최초로 산성을 쌓은 시기는 백제 개루왕 5년(132년)에 북방의 말갈 등 적을 방어하려고 토축산성(土築山城)을 쌓았다고 한다.

유형원(1622~1673)의 동국여지에 의하면 "북한산성은 중흥동(重興洞, 노적봉, 장군봉일대)에 있는데, 주위가 9,400자니 곧 삼국시대의 북한산성이다"라는 기록으로도 짐작할 수 있듯이, 한강유역을 지배하기 위해서는 반드시 확보해야 할 전략적 요충지였었다고 추정된다.

나) 고려시대의 북한산성

고려 우왕13년(1387)에는 한양산성(北漢山城) 수축(修築)할 것을 논의하여 다음 해 한양의 중흥성(重興城)을 수축하였다고 한다.

이 때 최영(崔瑩)장군이 산성을 수축하면서 중흥동(重興洞) 장군봉에 머물러 있었으며 중흥성(重興城) 또는 중흥산성(重興山城)이라고 하였다. 당시 이곳이 요동 정벌을 위한 군사 훈련장으로 활용하였을 뿐 아니라 변란에 대비한 전략적 요지였었다.

다) 조선시대의 북한산성

조선조에 이르러 한양에 수도를 정하면서(1394. 8) 북한산성의 전략적 중요성을 인식하게 되었다.

특히 조선조에서는 임진왜란과 병자호란을 겪으면서 왕은 도성을 버리고 강화도, 남한산성 등으로 피난 가는 고통을 겪은 지라, 조선조 문종(1451) 이후 숙종(1675~1720)때까지 약 200여 년 간 10대 이상의 왕을 거치면서 그 때 마다 도성(都城)을 수축(修築)하고 사찰을 창건하여 승도(僧徒)를 모아 대적을 막아야 한다는 대역사(大役事)를 수없이 갑론을박한 찬반 논쟁이 〈조선조숙종실록〉에 상세히 기록되어 있다.

숙종 37년 2월에 이르러 확고한 축성(築城) 의지가 서고 그 해 4월 3일에야 숙종 즉위 후 36년 만에 축성공사가 시작돼, 6개월만인 10월 19일에 드디어 오늘날의 국방문화유산인 북한산성을 우리에게 남겨 주게 되었다.

중요 내역은 다음과 같은데, 이 산성 내에는 당시 630여 명의 군사와 420여 명의 승병(僧兵) 등 1,000여 명 병영의 군사요새지였었다.

● 성벽내용

고축(高築): 2,746보(步), 반축(半築): 2,906보(步),
반반축(半半築): 511보(步), 지축여장(只築如墻): 1,457보(步)
합계 7,620보(약9,525m)

성첩(城堞): 2,807개소, 성문: 12개소, 수문: 1개소
3년 뒤 중성문(重城門), 시구문(尸柩門), 수문(水門)

등 3개 문을 추가하여 16개 성문을 축조하였음.

● 소용재력(所用財力)

쌀: 16,381석, 무명: 767동12필 남짓, 전(전): 34,799량 남짓
정철: 2,785근, 신철: 229,180근

● 기타

행궁(行宮): 120여간, 성랑(城廊): 121개소, 장대(將臺): 3개소,
못(못): 26개소, 우물: 99개소, 대문: 4개소, 암문(暗門): 10개소
창고: 7개소, 큰 절: 11개소, 작은 절: 3개소

라) 오늘의 북한산성(사적162호 지정)

조선 숙종 37년(1711)에 지금의 산성 12.7Km(당시 9,525m)를 6개월 만에 축성하였다.

300여년 세월이 지나면서 산성의 훼손이 심해지자 서울시에서는 북한산성 주능선에 1990~2004년까지 230여억 원을 들여 대남문에서 용암문까지 약 2.744m를 복원하였는데, 성벽과 여장(성벽에 위에 쌓는 담장처럼 쌓은 것)은 네모반듯하게 기계톱으로 암석을 잘라 벽돌 쌓듯이 축성하여 고유의 성체원형과는 표면이 전혀 다른 모습이다.

그러니 고양시는 1995년 이후 관할인 원효능 북문 성벽일대와 중성무 등 369m는 거의 원형에 가깝도록 원래의 사용되었던 돌을 주위에서 찾아 새 돌과 50% 가량 섞어 쌓는 방식으로 복원하고 있어 훨씬 자연스럽고 원형에 가깝게 복원하였으나 2001년 이후 중단되었고, 서울시에서도 예산 형편상 복원사업이 중단되었으나 앞으로 이와 같은 복원사업은 시행 주체를 일원화하여 조속 시행되어야 할 것이다. 그리고 특히 노적봉 아래의 중

흥동(重興洞) 산중궁궐인 행궁이나 그 외 많은 시설이 있던 곳은 잡초만 무성하고 기단석, 주춧돌, 깨진 기와장이 흩어져 방치된 보습이 이곳을 지날 때마다 안타깝게 보인다.

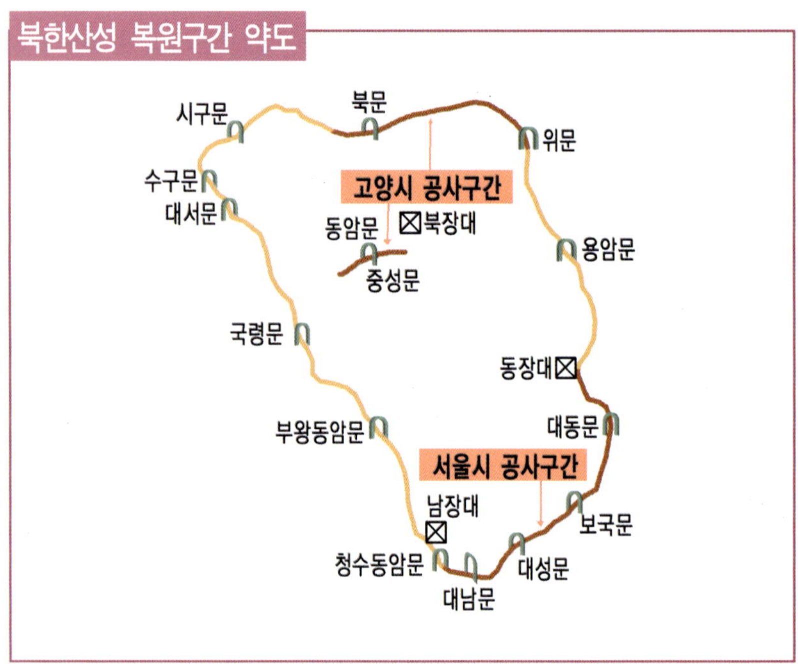

3) 북한산의 사찰

가) 북한산성 안쪽(內)의 사찰

산성 안쪽에는 13개의 사찰이 있다. 이 중 2개의 사찰 중흥사(重興寺, 현재 없음)와 태고사(太古寺)는 고려초에 창건되어 너무 낡아 고려말기 태고(太古) 보우(普愚)가 중건하였던 것이다.

그 외 11개의 사찰은 조선 숙종 37년에 북한산성 축성시 산성의 수비와 관리를 위하여 신축하였으며 승병(僧兵)도 400여 명이나 있었다 한다. 그 당시 사찰 중에 현존하고 있는 것은 태고사(보우가 중건), 국녕사, 상운사, 노적사(당시 진국사), 봉성암, 원효암 뿐이며 소실된 사찰로는 용암사(일출봉 아래 87칸), 보국사(금위병 아래 177칸), 보광사(대성문 아래 71칸), 부왕사(휴암봉 아래 111칸), 원각사(증봉 동쪽 부근 74칸), 서암사(서암문 남쪽)이다.

●옛 중흥사(重興寺)의 모습
숙종 41년(1715) 당시에는 136칸의 북한산성 내에서 제일의 대사찰이었으나 1915년 화재로 유실, 이절에는 산성수비를 하는 360명의 승군(僧軍)이 있었다.

나) 북한산성 바깥(外)의 사찰

조선시대의 북한산 지역은 현재와 같이 도시 확장으로 인한 산지 훼손이 없었으므로 훨씬 넓었을 것이며 그 때에도 13개의 사찰이 분포돼 있었다. 현존하는 것만 간략하게 설명하고자 한다.

● 현존 사찰

▸승가사(僧伽寺): 승가봉 남쪽에 있음, 신라 경덕왕 수태(秀台) 창건, 당나라 고승 승가대사의 석상(石像)안치.

▸문수사(文殊寺): 문수봉 아래 있음, 고려 예종4년(1109) 탄연(坦然) 창건
▸진관사(津寬寺): 삼천동에 있음, 고려 현종2년(1011), 진관조사 창건
▸삼천사(三千寺): 삼천동에 있음, 신라 원효 창건
▸도선사(道詵寺): 우이동 지역에 있음, 신라 문무왕 2년(862) 도선국사가 창건, 역대 지리지와 조선왕조실록에 없는 사찰이며, 북한산에 있는 사찰 중 가장 규모가 큰 대사찰임.
▸화계사(華溪寺): 대동문 밖 수유동에 있음, 조선 중종 17년(1522), 신월선사가 창건, 역대 지리지와 조선왕조실록에 없는 사찰임.

*이상의 사찰은 현존하고 있음.

● 현존치 않는 사찰

▸향림사(香林寺): 향로봉 남쪽기슭에 있었다 함, 창건 미상
▸신혈사(神穴寺): 삼천동 진관사 서북편에 있었다 함, 고려 성종 때 창건
▸청량사(淸凉寺): 삼각산에 있었던 고려시대 사찰이라고 함
▸적석사(積石寺): 노적봉아래 있었다고 함, 창건연대 미상
▸도성암(道成庵): 대동문밖 수유동에 있었다 함, 창건연대 미상
▸장의사(莊義寺): 자하문밖에 있었다 함, 신라 무열왕 6년(659)창건
▸인수사(仁壽寺): 구체적 위치와 년대 미상, 인수봉과 관련 있는 것으로 추측

*위의 사찰은 거의 북한지에 수록되어 있는데 창건 연대가 오래된 것으로 볼 수 있다.

북한산에는 그 외에도 현재 많은 사찰과 암자들이 산중 곳곳에 분포하고 있어 불교의 유적지 같기도 하다.

●**삼천사 마애여래입상**
고려시대 불상 중 대표작의 하나이며,
이 절은 은평구 진관외동 북한산 기슭에 있고,
신라시대 원효가 창건하였다 하며,
6·25때 소실, 1957년에 중창되었음.

3. 조선시대의 삼각산과 북한산성기(北漢山城記)

조선시대 당시의 많은 문필가, 선비, 군신들이 북한산을 올라 보고 기행문이나 시문, 역사, 지리 등의 기록이 현재 전해지고 있는 것임

1394년 10월, 조선조에서 도읍지를 한양으로 천도하여 1910년 8월 일제강점기까지 500여 년간 이 산에 대하여 조선전기에서는 주목할 만한 기록들은 별로 없으나 〈동국여지승람(東國輿地勝覽)[1]〉의 기록은 조선후기까지 많은 영향을 미쳤고 오늘날까지 가장 많이 인용되고 있다.

이는 조선후기 실학의 학문적 분위기가 조성되면서 우리 국토지리에 깊은 관심을 가진 여러 석학들이 삼각산과 북한산성에 대한 역사 지리적 관점에 의한 종합적인 기록을 남겨 놓았다. 다음에는 그 중 대표적인 몇 가지 국역(國譯)된 것을 요약하여 소개한다.

---

1) 동국여지승람(東國輿地勝覽) : 조선 성종 12년(1481)에 편찬, 성종 16년에 1차 교정된 조선전기의 지리서.

●선정비(善政碑)
중흥사지(重興寺止) 아래 현 용학사 앞 암반에 23개의 비석이 세워져 있다. '비석거리'라고도 하며, 1800년대 북한산성을 관리하던 총융사(摠戎使)의 공덕을 기리기 위해서 세운 것임.

1) 동국여지승람(東國輿地勝覽)의 삼각산기(三角山記)

삼각산(三角山)은 양주(揚州) 지경에 있다. 일명 화산(華山)이라고도 하였고, 신라 때는 부아악(負兒岳)이라 일컬었는데 강원도 평강현의 분수령에서 이어진 산봉과 중첩한 멧부리가 일어났다 엎어졌다 하며 잇달아 뻗어 와서 양주 서남쪽으로 이르러 도봉산이 되고 또 삼각산이 되니 실로 경성(京城)의 진산(鎭山)이다.

고구려 동명성왕의 아들 비류와 온조가 남쪽으로 내려와 한산(漢山)지역에 이른 후 부아악에 올라가 살만한 땅을 살펴 본 곳도 곧 이 산이다.

2) 이덕형(李德馨)[2)]의 중흥동산성(重興洞山城)형세 논고서

병조판서 이덕형은 북한산의 험준한 산세와 수비계획을 소상히 보고하였다. 삼각봉의 후면은 철벽을 깎아 세운 듯하고 사면의 산세가 매우 험준하니 10여 명이 지키게 되면 적의 무리 수만 명이 있어도 어찌할 수 없을 것이라고 판단했는데, 산허리 요해처(지세가 험준하며 적을 방비하기 편리한 곳) 돈대(墩臺)를 설치해 멀리까지 망을 보게 하는 식으로 몇몇 곳을 지키면 천험만전(天險萬全)형세가 있을 것이라고 했다. 따라서 각도의 승도(僧徒)를 소집하여 요해처에 집을 짓게 하고 지역을 나눈 후 공역을 맡기어 성자를 수축하게 되면 일도 쉽게 이루어질 수 있는 방법의 그 형세를 그림으로 그려 아뢰었다고 한다.

3) 이정귀(李廷龜)[3)]의 유삼각산기(遊三角山記)

● 필자주해

아래 글은 계묘년(癸卯年:1603년) 9월 15일 가을 이정귀는 1박2일의 북한산기를 일기 형식으로 적고 있다.

짐작컨대 대서문 쪽에서 올라 중흥사(현재 없음, 태고사 부근)에서 자고 힘겹게 노적봉에 올라 다음날 하산하면서 밤 12시 집에 도착하기까지의 기행문이다.

---

2) 이덕형: 1561~1613, 조선중기 문신, 이조, 병조판서, 영의정 등 역임.

3) 이정귀: 1564~1635, 조선중기 한문사대가, 병조, 예조 판서, 좌의정 등 역임.

●중성문(中城門)
대성문에서 남동쪽으로 약 2km지점에 북한산성의 한가운데 자리잡고 있고, 대서문쪽 산성이 낮아 적의 공격이 위험하여 숙종38년(1712)에 다시 중성문을 건립하여 이중 방어시설을 한 것임.

이 글을 보면 산에서 풍류를 즐기는 그 당시 모습이 눈에 선하게 보여지듯 감동이 그대로 살아있다. 이 시대에 살고 있는 나도 얼마쯤은 흉내를 내고픈 솔직한 심정이기도 하다. 그 때의 생생한 기록 중 몇 구절 대목만 아래에 간추려 보기로 한다.

◈ 중흥사에 도착하면서

절문(중흥사)에 이르니 비로써 해가 기울기 시작하였다. 성민과 여러 스님들이 엎어질 듯 반긴다. 모두들 월대(月臺)에 앉아 술통을 열고 서로 권하고 마시는데 멀리서부터 점점 가까이 피리소리가 들려 왔다…. (생략)

가을하늘은 텅 비고 끝없이 넓은 채 한 점의 구름도 없고 골짜기는 고요하니 온갖 소리 모두 잠기었다. 피리소리 맑게 들리어 마치 신선이 살고 있는 산에서 들려오는 듯하였다.

◈ 노적봉을 오를 때

봉우리로 기어 올라가는데 열 걸음에 아홉 번은 넘어지듯 하면서 봉우리 아래 이르러 바위틈새에 나무 사다리를 만들어 줄을 드리워 몸을 묶고 줄을 당겨 정상에 오르니 정상은 좁아 겨우 10여 명이 앉을 만하고 아찔하다. 서로 부축하며 사방을 바라다보았다. 남서쪽 큰 바다는 멀리 중국의 청주(靑州), 제주(齊州)에서 시작하고 뜬구름 흐르고 해 떨어질 제 은하계(銀河系)가 망망하다. … (중략) …

기록할만한 것은 수락산(水落山), 아차산(峨嵯山), 관악산(冠岳山), 청계산, 천마산, 송악산, 성거산(聖居山)으로 여러 산이 첩첩이 쌓인 것이 마치 언덕과 개미둑 같다. … (중략) …

도성의 1백만 호에 이르는 집들은 가까이 다다른 듯 한데도 다 볼 수 없고 단지 발아래 밥 짓는 연기가 하나의 생동적인 그림을 단장하고 있을 뿐이다. …(후략)

◈ 귀로에서

때는 가을이 한창 무르익어 다 끝나지 않았고 냇가의 물소리 맑게 들려오고 산골짜기의 바위들은 기묘하며 그 영롱함이 매우 다정하게 여겨졌다. 낙락장송은 그늘을 드리우고 그 푸르름이 사람을 엄습해 온다. 나와 여러 사람들은 맨발로 시냇물에 들어가 옷을 벗고 바위에 앉았다 음식을 옮기고 자리를 바꿔 가며 먹고 마시니 안주와 과실이 어지러이 흩어져 있다.

더러는 술잔을 물에 띄워 보면서 경쟁하듯 술을 마셨고 더러는 그물을 던져 고기를 잡기도 하였다. 자제는 단풍나무 가지를 꺾어 머리 위에 꽂기도 하고 나는 국화꽃을 뜯어 술잔 위에 띄워 보기도 하였다.

취하고 나니 매우 즐거워 박수를 치고 발을 굴렀다 맑은 거문고 줄에서 울려 나오는 신묘한 곡조는 악공과 겨루면서 그 기묘함을 다루는 듯하니 모두 천고의 희귀한 소리였다. … (생략)

● 필자 주해

이 때 하산은 지금의 중성문 아래 북한산성 계곡으로 내려오는 중 백운동천 하류 부근으로 추측된다.

백운동천 술자리에서 이정귀는 술잔에 국화꽃잎을 띄워 마셨다는데, 최근에도 우리 악우들(철도산악 맴버)은 북한동(大西門) 행화촌(杏花村)에서 이른 봄이면 살구꽃 그늘에 모여 앉아서 살구꽃잎을 술잔에 띄워 마시는 풍류가 어쩌면 그 때와 꼭 같았을까 싶다.

4) 이만부(李萬敷)[4]의 삼각산기

이만부는 북한산의 생성과정과 이름의 유래를 설명하였으나 전술(前述) 내용과 같으므로 여기서는 생략하였다.

그는 삼각산의 맨 꼭대기를 백운대(白雲臺), 노적봉(露積峯)이라 부르며 백운대의 서편에 수석(水石)이 가장 아름다운 곳이라고 하였다. 또한, 동쪽에 조계폭포(漕溪瀑布)가 있는데 매우 기이하다고 했으며, 서쪽에는 중흥동(重興洞)이 있고 그 안에 중흥사(中興寺:重興寺)가 있다고 서술했다.

---

4) 이만부: 1664~1732, 조선후기 학자, 성리학, 역학자.

●태고사원증국사탑(太古寺圓證國師塔). 고려말기 원증국사 보우(普愚)의 묘탑, 보물 제749호.

이만부, 그는 친구들과 짝지어 이곳에서 살아보려 하였으나 뜻을 이루지 못하였다 한다.

5) 이익(李瀷)[5]의 유삼각산기(遊三角山記)와 유북한기(遊北漢記)

◈ 유삼각산기(遊三角山記)

삼각산은 일명 부아산이라 하였다.

부아산은 서울(漢陽)의 종산(宗山)이다.

5) 이익: 1681~1763, 조선후기 실학자.

대개 도봉산으로부터 그 맥이 남쪽으로 내려와서 백운봉에 이르러 비로써 우뚝하게 솟았다. 백운봉 남쪽에는 만경봉이 있고 동쪽에는 인수봉이 있는데 모두 그 높이가 백운봉과 가지런하다. 그 중 인수봉이 더욱 깎아 세운 듯 우뚝 솟아 사람들이 올라가지 못하나 바라만 보아도 가장 빼어난 걸 알 수 있다. 인수봉과 함께, 다른 두 산봉우리가 나란히 솟아 있으므로 '삼각(三角)'이란 이름을 얻게 된 것이다. ……(생략)

석가령에서 서쪽으로 갈라져 나한봉 등 여러 산봉이 되고 이 산봉들이 중홍동의 동구에 띠가 매이듯, 옷깃이 합쳐지듯 서로 만나게 되니 이 곳이 바로 북한산 성터이다. 석가령에서 곧장 남쪽으로 뻗어가서 보현봉 등 여러 산봉이 되고 그 맥이 점점 뻗어 나가며 나열해 가다가 인왕산이 되니 이 일대가 바로 국조(國朝)의 만세토록 터전이다. (景福宮)……(생략)

◈ 유북한기(遊北漢記)

북한산성은 숙종 37년(1711) 봄(4월)에 착공하여 가을(10월)에 완공하였다. 이 익은 이 곳으로 유람을 떠나 산성의 형세와 역사적인 유관사항에 대하여 기술하였고 그 내용은 앞장에서 설명되어진 바 있어 본란에서는 생략한다.

6) 신경준(申景濬)[6]의 삼각산기

신경준은 북한산의 생성기와 이름의 유래에 대하여 역사적 배경을 설명한 것이 전술(前述)과 같으므로 생략한다.

---

6) 신경준: 조선후기 1712~1781 영조 때 학자, 승지, 북청부사, 제주목사 등 역임

● 북한도(北漢圖)

북한산성축성 시 성능스님이 그린 북한산 조감도 (북한지, 1745)

북한산성과 노적봉 산성계곡에 대하여는

"산의 서남쪽에 중흥동(重興洞)이 있는데 중흥사(重興寺)가 있기 때문에 그렇게 붙여졌다. 옛 성이 있는데 산꼭대기의 능선을 타고 내려와 이곳 계곡 어귀의 석문(石門)에서 끝나니 곧 삼국시대의 북한산성이다. 조선 숙종 때 성을 증축하고 옛 이름 그대로 따랐다. 성안에 석봉(石峯)이 있는데 우뚝 솟아 있는 것이 마치 노적거리와 같기 때문에 노적봉(露積峯)이라 부른다. 좌우 골짜기와 구렁이 조용하고 깊숙하며 바위는 들쑥날쑥하며 평평치 않으나 깨끗하고 흘러가는 냇물은 더러 폭포를 이루기도 하고 연못을 이루기도 하여 굽이굽이 감상할 만하다."

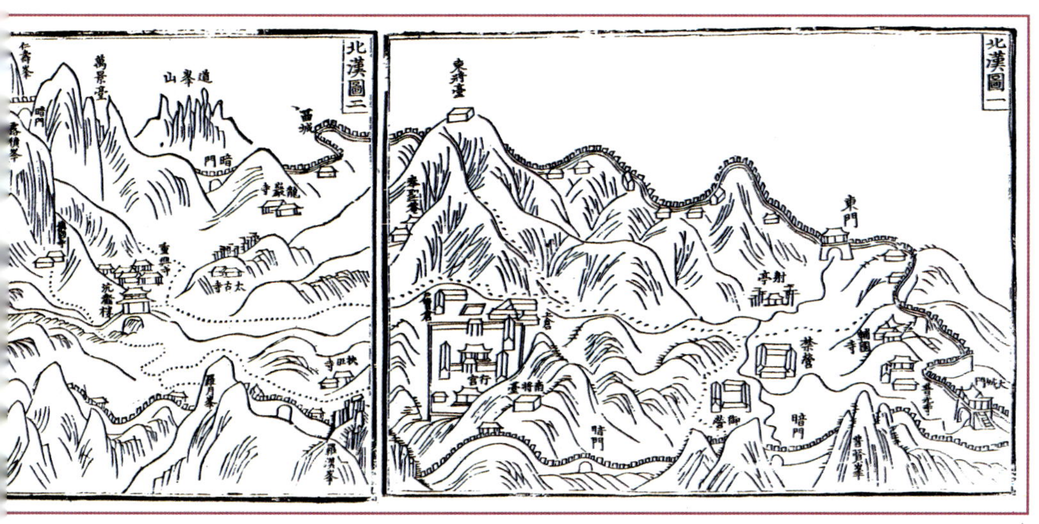

고려 이색(李穡)[7]의 시

세 봉우리 깎은 듯이 내민 것 아득한 태고적 일,
신선의 손바닥 하늘 가리키는 그 모습 천하에 드물리.
소년 시절부터 이미 산의 진면목 알았거니,
사람들 하는 말 등 뒤엔 양귀비 살찐 모습이라네.

조선 김시습(金時習)[8]의 시

쇠뿔 같은 높은 산봉 하늘을 꿰뚫으니
높은 곳 오르면 두우성(斗牛星) 딸 만하네.
멧부리는 구름과 비를 일으킬 뿐 아니라
나라를 만세토록 편안케 하리로다.

---

7) 이 색: 1328~1396, 고려 말 문신 학자.

8) 김시습 : 1435~1493, 조선 초기의 문인, 학자.

고려 현종[9]의 시

한 줄기 시냇물 백운봉에서 흘러내리니
만리 먼 바다에 길이 절로 통하네.
졸 졸 흐르는 물 바위아래 있단 말을 마소
머지않아 이 냇물 용궁(龍宮)에 이를 거라오.

(앞의 시 두 편은 신경준 〈삼각산기〉에 있는 것이다.)

7) 이덕무(李德懋)[10]의 유북한기

조선 영조 37년(1761) 9월 그믐날 출발하여 이틀 밤을 묵고 다섯 끼니를 먹으면서 산의 안팎의 열한개의 사찰과 암자, 정자(亭子), 누각을 각각 하나씩 관람 한 기행으로써 함께 유람한 사람은 두 사람이었다.

"이 산은 대개 백제의 고도(古都)였다. 우리 조종(祖宗)께서 군사를 훈련하고 양곡을 저장하여 보장(保障)의 요새지로 삼았는데 서울과의 거리는 30리이다. 문수문(文殊門) 산성 서문으로 나왔다."

그 당시 이 기록은 사찰, 암자, 정자를 관람하면서 각각 상세히 설명하였으나 여기서는 생략하고 관람 장소만 열거하기로 한다.

세검정, 소림암, 문수사, 보광사, 태고사, 용암사, 중흥사, 산영루, 부왕

---

9) 고려 현종(1010~1031)은 임금이 되기 전 신혈사(神穴寺 : 삼천동 진관사 서북편에 있었다 함. 고려 성종 때 창건)에서 승려가 되어 우거할 때 이 절의 노스님이 방밑에 굴을 파서 그를 숨게 하여 변고를 면케 했다. 하루는 임금이 우연히 시냇물 흐르는 것을 보고 시를 지었다.

10) 이덕무: 1741~1793. 조선후기 실학자, 초대 규장각 외각 검사관 등 역임.

사, 원각사, 진국사, 상운사, 서암사, 진관사

8) 성해응(成海雄)[11]의 삼각산기

삼각산은 곧 고구려 때의 남평양(南平壤)이다. 천지간의 정기가 지렁이가 서린 듯한 굴곡을 이루면서, 만물을 온통 싸서 하나로 만들어 놓은 듯 형성되어 왕도(王都) 북방을 진호(鎭護)하고 있다. 산중의 여러 명승 가운데 민지암, 환희령, 산영루, 향옥란이 가장 아름답다.

백운대는 길이 위험하여 오르기 어려우며 노적봉도 역시 위험하나 그 맨 꼭대기에 오르면 사방이 두루 조망되며 매우 환하게 시야가 트였다고 하였다.

9) 윤정기(尹廷琦)[12]의 삼각산기

삼각산은 경성(서울)의 진산이요, 일명 화산(華山)이라고도 하며 신라 때는 부아악(負兒岳)이라 일컬었는데, 신라 진흥왕(眞興王) 12년에는 거칠부(居漆夫)를 보내어 고구려 10군(郡)을 공격하여 부아악을 점령하였다. 4년 후 겨울 10월에 왕(眞興王)이 북한산성 일대를 순행(巡幸)하여 강역(彊域)을 획정(劃定)하였다고 기록되어 있다.

"북한산이란 한수 이북의 산이니 곧 이 산이다. 마침내 산의 서쪽 기슭에

11) 성해응: 1760~1839, 조선 후기 학자.

12) 조선말기 1814~1879 학자, 다산 정약용의 외손.

진흥왕 16년(555년)에 순수비를 세웠고, 지금은 그곳을 일러 비봉(碑峯)이라 한다.……(중략)…… 비석이 닳아 글자가 없어진 상태인지라 1817년 추사 김정희(金政僖)가 이 비의 잔존글자를 살펴 비신(碑身)뒷면에 '이것은 신라 진흥왕 순수비(眞興王巡狩碑)이다'라 하였다."

● 필자 주해

이 비석은 높이 154cm 너비71cm 화강암으로 만들어졌으며 상단에 파손된 것을 붙여서 원형을 보존하고 있으나 6·25 이후 또 떨어진 적이 있다. 비바람으로 더 이상 마멸과 훼손을 막기 위하여 원래의 것은 1972년 8월에 국립중앙박물관으로 옮겨 국보 제3호로 지정되어 보관하고 있고 비봉 그 자리에는 현재 모조품이 세워져 있다.

4. 택리지(擇里志)[13]의 강과 바다가 어우러진 산

〈택리지〉에서 이중환은 명산의 조건은 돌산이 되어야 하고 강과 바다가 어우러져야 한다고 하였는데 바로 그런 산이 북한산이다.

강과 바다가 어우러진 산

산의 모양은 반드시 수려한 돌로 산봉우리를 이루어야 산도 아름답고 물도 또한 맑다. 또 반드시 강과 바다가 서로 맞닿는 곳에 위치하여야 큰 힘이 있는데 이와 같은 곳이 나라 안에 네 곳이 있다.

하나는 개성의 오관산(五冠山)이요 또 하나는 한양의 삼각산(三角山)이다. 다음은 진잠의 계룡산(鷄龍山)이요 마지막은 문화의 구월산(九月山)이다.……('오관산 설명' 생략)

---

13) 택리지: 조선시대 실학자인 이중환(1690~1752)의 저서. 전국 팔도를 유람하면서 지리(地理), 생리(生利), 인심(人心), 산수(山水) 등 네 분야를 조사하여 다룬 우리나라 최초의 인문지리서.

개성의 동남방 백리 밖에는 한양의 삼각산(三角山)이 하늘에 수려하게 솟아 있고 전면이 평평하다.

서북쪽은 높게 막히고 동남쪽(지금의 시내 방향)은 멀리 트여서 이름난 터가 되었지만 다만 부족한 것은 넓고 기름진 평야가 없다는 점이다.

삼각산(三角山)은 도봉산과 잇닿은 산세이다. 돌 봉우리가 매우 맑고 수려하여 수많은 불꽃이 하늘로 타오르는 것과도 같다. 또한 오묘한 기운이 있어 그림으로 그리기도 어려우나 주위에서 보필하는 산이 없고 또 골짜기도 적은 것이 흠이다.

옛날에는 중흥사(重興寺)계곡이 있었으나 북한산성을 쌓을 때 모두 깎아 평평하게 하였다.

● 필자주해

위에서 '중흥사 계곡을 평평하게 하였다' 한 것은 숙종 37년(1711) 북한산성 축성 당시 중흥동(重興洞) 일대 행궁(行宮)과 그 부대시설을 축조하면서 조성된 산 속의 일부 평평한 지역을 과장한 것으로 생각됨.

이와 같은 기록은 북한산과 한양 도읍에 관련한 기록 중 한 부분일 뿐이다. 그러나 택리지에서 가장 주목할 만한 것은 복거론(卜居論: 살만한 곳을 가려서 정함)의 대목이다.

역시 사람이 사는데 있어 가장 중요한 것은 '산수(山水)가 좋아야 한다'는 뜻으로 느껴진다.

사람이 살 터를 정할 때에는 다음 네 가지를 참고해야 한다.

첫째는 지리(地理)가 좋아야 하고, 둘째는 생리(生利: 땅에서 생산되는 이익)가 좋아야 하며, 셋째 인심(人心)이 좋아야 하고, 넷째 산수(山水)

●백운동천 계곡
1925년 을축년 대홍수 때 집채 같은 바위가 이 계곡에 떠내려 왔다.

가 좋아야 한다.

지리가 좋아도 생리가 부족하면 오래 살 곳이 못 되고, 생리가 좋다 하더라도 자리가 나쁘면 또한 오래 살 곳이 못 된다. 지리와 생리가 함께 좋으나 인심이 착하지 않으면 반드시 후회할 일이 생기고, 가까운 곳에 나들이할 만한 산수가 없으면 마음을 밝게 가꿀 수 없다.

5. 을축년(乙丑年, 1925년) 대홍수

집채만 한 바위가 떠내려 오고

1925년 7월(일제강점 당시) 우리나라에 기록적인 대홍수가 있어 북한산 성문 안에 있던 산성이나 동장대 등 문화유적 피해는 엄청나게 많았다고 한다.

노적봉에서나 북한동(대서문 부근)일대 8부 능선에는 산사태로 인하여 북한동의 가옥이나, 농토, 인명피해가 속출하여 죽은 시신은 원효암으로 가는 중간의 서암문을 경유 운구하였는데 그 후 지금까지 그 문을 시구문(屍軀門)이라고 한다. 그리고 중성문 안에 있던 의창에서 화약을 빻던 돌절구도 떠내려갔으며 지금도 백운동천 일대의 널려 있는 집체만한 돌은 그 당시 떠내려 온 것이라고 한다. 중흥사지에 주둔해 있던 일본군 헌병대는 흔적도 없이 쓸려 가는 등 그 당시 수해가 어느 정도였는지 짐작 할만하다.

북한산은 산 전체가 화강암이므로 비가 오면 물이 흙에 스며들지 않고 갑자기 불어올라 홍수에 취약하기도 하다. 따라서 이때의 재해는 한강일

이른 봄이면 살구꽃이 만발하는 대서문 부근의 행화촌(杏花村)

대 용산이나 뚝섬, 경부선 철도 등의 침수, 인명피해 697명, 가옥피해도 1만호에 달했다고 한다.

홍수에 쓸려 간 자리에는 살구나무를 심어 행화촌(杏花村)이 되고

대서문 북한동 성안에 살던 사람은 그나마 농토를 잃고 살 길이 막연하게 되자, 누군가 살구농사가 보배이 된다 하여 산에서 땔감나무를 내다 팔면서, 살구나무를 한두 그루 심기 시작하였다고 한다.

살구나무는 평지보다도 산비탈에서 튼튼하게 뿌리를 잘 내리고 결실이 좋아 몇 년 안에 많은 수확을 할 수 있었고, 북한동에서 남대문까지 40리 길을 걸어 값도 좋고 잘 팔려서 이곳 주민들은 살구농사로 많은 소득을 올

삼각산(三角山)을 북한산(北漢山)으로 이름을 바꿨다

고려 정종(1035년) 때부터 이 산을 백운봉(좌), 만경봉(우), 인수봉(중) 등 세 봉우리가 우뚝(角) 서 있어 삼각산이라 하였다. 그 후 1915년에 북한산이라는 이름이 등장하여 오다가 1983년 4월에 도봉산과 함께 묶어 북한산국립공원으로 지정하면서 이 산 이름은 현재 북한산으로 확정되었다.

렸었다 한다.

지금도 이른 봄이면 대서문 일대에는 살구꽃이 온통 만발하여 이 지역을 행화촌(杏花村)이라 하며, 살구꽃이 피는 봄이 올 때마다 북한산 축제가 이곳으로부터 시작되는 것 같다.

6. 일제의 수난

민족의 정기를 끊으려는 영산에 철주독침(鐵柱毒針)을 박고

1927년 3월에 일본인들은 북한산 주봉인 백운봉에 계단을 만들고 쇠줄 난간을 설치하여 매년 봄, 가을 탐승회를 개최하면서 50여 명의 선수를 참가시켜 왕실의 상징인 북한산의 정상을 조선인들 스스로 밟게 함으로써 조선의 정통성을 정략적으로 부정하도록 하였다 한다. 또 그 무렵 조선 산맥을 짚어 그 혈점(穴點)에 철주(毒針)을 박았는데, 특히 북한산 삼각혈에도 그 쇠못을 박아 한민족의 정기를 끊으려고 하였다.

이 독침은 개성의 송학산, 속리산의 문장대 등 전국 명산들에도 박혔었다고 한다.

그러나 늦게나마 1985년 3월부터 한민족의 뿌리를 찾으려는 모임인 '오르내림 산우회'에서 세 차례에 걸쳐 백운대 정상일대의 철주 22개를 뽑아 그 해 8월 15일, 백운대에서 천단제와 산신제를 올리며 다음과 같은 축원

문을 낭독했다.

"북한산 산신이여 백운대 정수리와 명치에 일본인들이 박아 둔 독침이 제거되었으니 부디 이 북한산의 정기를 되살려 주소서."

문화재 약탈과 의병활동의 탄압

조선조에서 한때 북한산성 노적봉 아래 중흥동에는 산중 궁궐인 120칸의 행궁(行宮)과 11개 사찰에 630명 군사와 420명의 승병 도합 1,050명의 병력이 산중에 있었다.

그러나 일제강점 무렵의 산중 형세는 소강상태였었는데도 당시의 일본 헌병대는 북한산성 중흥사지에 주둔하였다. 이 때 한일합병 전까지도 그대로 있었던 행궁은 합병 후 일제에 의하여 소실된 것으로 전해지고 있으며, 의병활동 근거지를 말살하려고 산성 안의 대부분 시설물을 없애고 좋은 유물이나 비석, 산영루(山映樓) 기둥을 헐어서 대서문을 통해서 실어냈고 대서문 문루도 일제 말기에 파괴하였다고 한다.

임진왜란 때에는 은평구에 옛 삼천사지가 있었는데 그 절도 이 때 소실되었다.

7. 북한산의 선열묘역(先烈墓域)

- 『북한산 가는 길』. 박창규 저. 72쪽~87쪽 참조 -

북한산 양지바른 산자락은 우리의 조국과 민족을 위하여 살다 가신 우국지사(憂國志士)들이 잠들어 있는 곳이기도 하다.

우이동 쪽 진달래 능선자락과 수유동 칼바위 능선자락에는 4·19국립묘지 외에 19기(基) 이상의 선열 묘역이 있으므로 이곳 선열의 묘역을 지날 때에는 경건한 마음으로 참배라도 한다면 하루 산행에 더욱 보람이 있을 것이라고 생각하여 이 묘역의 위치와 고인의 약력을 간략하게 적어본다.

1) 4.19 국립묘지

이 묘지는 수유동 4·19탑 사거리에서 백운봉 길 아카데미 하우스 쪽으로 가는 길로 올라가다 오른쪽에 있다.

1954년 4월에 국립묘지로 승격된 이 묘원은 전체 면적이 41,100평으로 묘지만 2,000평이고 묘지(墓地)는 650기이다.

진혼가(鎭魂歌)

-4월 혁명 희생학도 위령제의 노래

조지훈 作 (1절)

가슴에 치솟는
불길을 터뜨리니
사무친 그 외침이
강산을 흔들었다
선혈을 뿌리며
우리 싸워 이긴 것
아! 민주혁명의
깃발이 여기 있다
가시밭을 헤쳐서
우리 세운 제단 앞에
울며 바친 희생들아
거룩한 이름아!
고이 잠들거라
조국의 품에 안겨
역사를 지켜보는
젊은 혼은 살아있다

●4.19국립묘지 기념탑

2) 현제명(玄濟明) 박사

4·19탑에서 올라가다가 오른편 계곡을 건너 들어가면 보광사로 가는 길 바로 옆에 있다.

박사는 1902년 12월에 대구에서 출생하여 1960년 10월 16일 타계하였다.

한국 음악계의 거성이 북한산 진달래 능선 자락에 고이 잠들어 있다.

3) 효당 엄상섭(曉堂 嚴詳燮)

이 묘소는 현제명 박사 묘 바로 길 건너편에 있다.

1907년에 태어나 1960년에 타계하였고, 4대 국회법사위원장을 역임했다.

4) 동암 서상일(東庵 徐相日)

백년사 매표소를 지나, 백년사로 가다 보면 오른쪽에 있다.

대구 달성 출신으로 1886년에 태어나 1962년에 타계하였고, 일제 때 9인 결사대를 조직하여 항일운동을 하였으며 제헌의원으로 활약했다.

5) 상산 김도연(常山 金度演)

동암묘소(東庵墓所) 가까이에 있다.

1894년 6월에 김포에서 출생하여 1967년 7월에 타계하였고, 초대 재무장관과 1, 3, 4, 5, 6, 7대 국회위원을 지냈다.

6) 심산 김창숙(心山 金昌淑)

백년사를 한동안 올라가면 길옆에 있다.

1879년 7월 성주(星州) 출생으로 1962년 5월에 타계하였고, 일제 때는 광복운동과 1953년에는 성균관대 총장을 역임하였다.

7) 강재 신숙(剛齋 申肅)

수유3 매표소에서 오르다가 우측에 있다.

강재는 1885년 12월 경기 가평 출신으로 만주와 임시정부에서 항일 운동을 하였다.

8) 현곡 양일동(玄谷 梁一東)

심산묘소 바로 위 백년사 가는 길 오른쪽에 있다.

전망이 좋은 위치에 있고 1912년 12월에 전북 옥구에서 태어나 1980년 4월에 타계하였으며 3, 4, 5, 8, 10대 국회의원을 지냈다.

9) 단주 유림(旦洲 柳林)

수유 매표소 위에 있다.

1894년 5월에 경북 안동에서 출생하여 1961년 4월에 타계하였고, 단재 신채호 등과 중국에서 항일운동을 하였다.

10) 성재 이시영(省齋 李始榮)

이 묘소는 운가사 가는 길에 있다.

1869년 12월에 출생하여 1953년 4월에 타계하였으며 상해 임시정부에서 법무장관, 재무장관을 지냈고 광복 후에는 초대 부통령을 역임하였다.

11) 광복군 선열지묘(光復軍 先烈之墓)

이 묘소는 운가사 가는 길 성재 묘소 맞은편에 있으며 광복군 18위의 선열이 묻힌 묘소이다.

1967년 4월 27일에 건립하였고 1985년 광복 40주년을 맞으며 새 단장을 하였다 한다.

묘비문

비바람 찼어라
나라 잃은 나그네야
바친 길 비록 광복군이었으나
가시밭길 더욱 한(恨)이었다.
순국하고도 못 잊었을
조국이여 꽃동산에

뼈나마 여기 묻혔으니
동지들아 편히 잠드시라

12) 오산 이강(五山 李剛)

광복군 선열묘소 위쪽에 있다.

1878년 4월에 평남 용강에서 태어나 1964년 10월에 타계하였고 도산 안창호와 미국・만주에서 항일 운동을 하다 광복 후에는 흥사단에서 활동하였다.

13) 가인 김병로(街人 金炳魯)

운가사 가는 길에 있다.

1886년 12월에 전북 순창에서 태어나 1964년 1월에 타계하였고, 건국 후 초대 대법원장을 지냈으며 우리나라 사법제도의 기초를 닦으셨다.

14) 일성 이준(一醒 李儁)

통일연수원 길 건너편에 있으며 다른 어느 묘소보다 잘 조성되어 있다.

1858년에 태어나 1907년 7월 14일 헤이그에서 순국한 이준 열사의 어록을 동판에 새겨 부조가 붙은 비석들이 서 있다. 상반신상의 돌비석 부조가 경건한 애국심을 상기해 주는 듯하다.

15) 해공 신익희(海公 申翼熙)

아카데미 하우스 건너편에 있다.

1894년 경기도 광주에서 출생하여 1956년 5월 타계하였다.

3대 대통령 후보로 1956년 5월 3일 한강 백사장 유세 때 36만 인파가 한강 백사장을 덮었을 정도로 민심의 지지를 받았으나, 호남 유세에 나섰다가 5일 새벽 열차 안에서 뇌일혈로 쓰러졌다.

16) 춘헌 이명룡(春軒 李明龍)

이 묘소는 통일 연수원 안에 있다.

통일연수원을 지으면서 1988년 10월에 현재의 자리로 옮겼다.

1873년 8월에 평북 칠산에서 태어나 1957년 10월에 타계하였다.

기미독립운동의 33인 중 기독교를 대표한 분이다. 광복 후에도 이북에 있었으나 공산당 탄압이 심하여 월남하였다.

17) 의암 손병희(義菴 孫秉熙)

이 묘소는 우이동 버스 종점에서 도선사 길을 올라가다 천도교 의창 수도원 못 미쳐 좌측 노송이 몇 그루 있는 샛길을 가다가 우측에 있다.

1861년 4월 청주에서 태어나 1922년 5월에 타계하였는데 기미년 3·1운동 33인의 대표자라는 것은 너무나 잘 알려져 있다.

18) 유석 조병옥(維石 趙炳玉)

수유 5동 맹골 매표소(영락기도원 부근) 칼바위 능선에 오르다 보면 조병옥 박사 묘소가 있다.

1894년 3월에 천안 병천에서 태어난 조병옥 박사는 이승만 정권 때 내무장관을 지내면서 6·25전쟁을 겪었고, 1960년 3월 제 4대 대통령 후보로 출마하였으나 신병치료차 미국의 병원에 입원하였다가 애석하게도 선거 전 심장마비로 1960년 2월에 타계하였다.

19) 공초 오상순(空超 吳相淳)

이 묘소는 빨래골 매표소(수유1동)에서 칼바위 능선으로 올라가다 있다.

1894년 4월 서울에서 출생하여 1963년 3월에 타계하였으며, 신문학 운동을 하였던 시인이다.

담배를 무척 좋아하여 60년대 초 전매청장은 '사슴' 담배를 시판 전 공초에게 10갑을 보내 맛을 봐 달라고까지 하였다 한다.

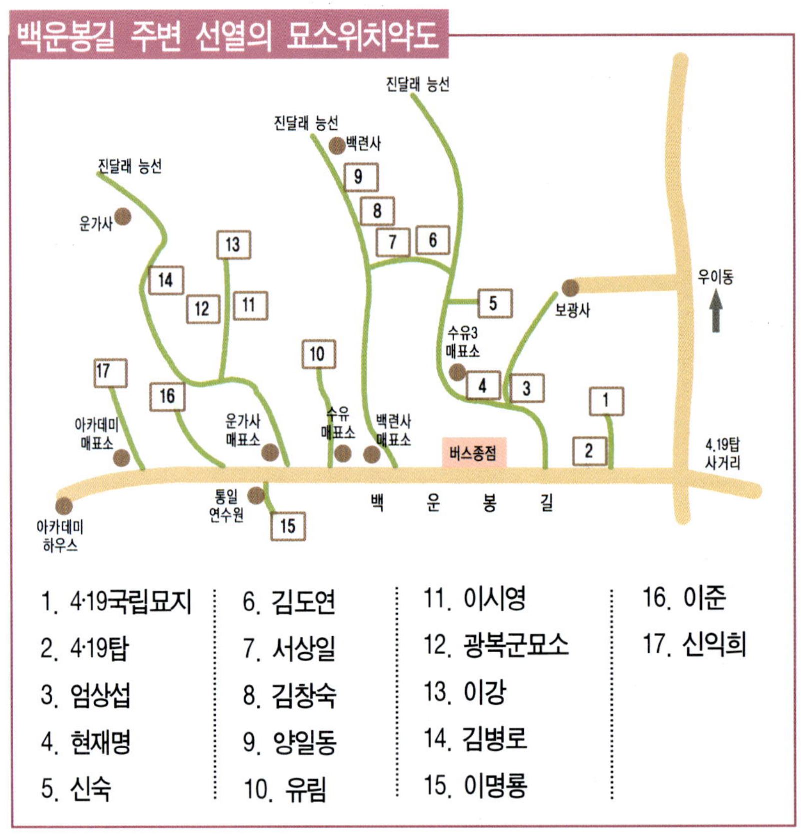

8. 북한산의 암봉(岩峯)과 계곡

북한산과 도봉산의 경계는 남북으로 가늠할 때 우이령을 경계로 북쪽은 도봉산이요. 남쪽 방향의 상장능선으로부터 불광동 향로봉 자락까지의 면적 54.5㎢가 북한산이다.

북한산 주능선은 우이능선, 산성주능선, 비봉주능선의 향로봉(535m)까지 약 20여㎞에 이르며 이 능선상에 힘차게 솟아 있는 암봉을 정점으로 다시 지능선이 뻗어 있고 그 사이로 계곡이 형성되어 있다.

성능*의 〈삼각산(三角山)〉 시 한 편을 소개한다.

삼각산

우뚝 솟은 기이한 형상이 몇 만 겹인고
구름 속에 솟아 나온 푸른 연꽃 같구나.

---

* 성능(聖能): 조선조 북한지(北漢誌)의 저자. 숙종·영조 때 유명한 불승임.

신령한 빛 길이 황금의 세계를 비추고,
맑은 기운 길이 흰 옥같은 산봉에 머무르네.
우뚝한 산등성이와 멧부리는 달빛을 머금고,
깊디 깊은 골짜기엔 신선의 자취 숨기고 있네.
맑게 노니는 이들 다시 높은 산정에 올라 가,
큰 바다 내려다보며 가슴 한번 상쾌하게 하고 싶네.

1) 북한산의 암봉

북한산은 화강암으로 형성된 바위산이므로 산봉(山峯)이 모두 암봉(岩峯)이고 기암괴석이 많으며 백운봉, 인수봉, 만경봉 등 세 바위봉이 쇠뿔처럼 치솟아 고려 성종(981) 이후 1000여 년 이상을 삼각산(三角山)이라 하였다.

이 거대한 화강암은 오랜 세월동안 깎이고 닦아지고 풍화되어 현재 절묘한 모습으로 우리 앞에 다가서게 된 것이다.

가) 능선에 솟아 있는 산봉우리

북쪽의 주능선으로부터 남쪽으로 내려가면서 간략하게 능선별로 설명하기로 한다.

• 우이능선 상에는 영봉(靈峯:604)이 있고 서북쪽 상장능선 상장봉(上蔣峯:543)이 떨어져 있는데 이 능선에서는 도봉산과 남쪽의 주봉(인수봉, 백운봉, 숨은벽)인 봉우리 모두 환하게 조망할 수 있다.

• 백운봉(白雲峯:836.5)은 북한산의 주봉이며 바로 옆에 인수봉(仁壽

●원효봉(좌), 백운봉(중), 인수봉(우)
북한산은 산 전체가 거대한 바위(화강암)이다. 오랜 세월을 거쳐 기암의 암봉으로 변한 모습이 신비롭다.

峰:810.5)이 송곳니처럼 하늘을 찌를 듯 솟아 있으며 서쪽으로 뻗은 원효능선에는 영취봉(靈鷲峯), 원효암 위쪽의 원효봉(元曉峯)이 있고 이 능선은 험준한 암벽으로 효자리까지 이어져 있다.

•북한산의 중심 지역에 만경봉(萬景峯:799.5m)과 노적봉(露積峯:716m)이 있으며 주능선을 따라 가다 만경봉 남쪽에는 용암봉(龍巖峯), 일출봉(日出峯. 용암봉 앞), 월출봉(月出峯. 일출봉과 나란히 있음), 기

룡봉(起龍峯. 월출봉 앞), 반룡봉(盤龍峯. 기룡봉 옆), 시단봉(柴丹峯. 옆의 동장대)이 줄이어 있고 다시 산성 주능선을 따라 덕장봉(德藏峯), 복덕봉(福德峯), 석가봉(釋迦峯), 성덕봉(聖德峯), 화룡봉(化龍峯), 잠룡봉(潛龍峯), 보현봉(普賢峯. 714m. 일선사 윗 봉), 문수봉(文殊峯. 727m. 문수사 윗봉)까지를 주능선이라 할 수 있다.

• 노적봉 아래에는 기린봉(麒麟峯), 장군봉(將軍峯. 중흥사지 서쪽), 등편봉(登片峯. 중흥사 뒤편), 구암봉(龜巖峯. 동장대 아래), 상원봉(上元峯. 문수봉 북쪽), 휴암봉(鵂巖峯. 남장대 북쪽)이 있다.

• 비봉능선상의 문수봉에서 남쪽 방향으로 승가봉(僧伽峯), 비봉(碑峯. 560m), 향림봉(香林峯. 현 항로봉)이 이어져 있다.

• 문수봉에서 서북쪽으로 의상능선에는 나한봉(羅漢峯), 나월봉(羅月峯), 증취봉(甑炊峯), 용혈봉(龍穴峯), 용출봉(龍出峯), 의상봉(義相峯)을 끝으로 대서문(大西門)까지 이어져 그 능선상의 봉우리와 숙종 때(1711) 쌓은 성벽이 현재에도 그런대로 능선의 제 모습을 갖추고 있다.

나) 역사에 새겨진 산봉우리

• 백운봉(白雲峯)

고려시대에는 일명 중봉(中峯)으로 불렸다고 하며 조선시대 신경준(申景濬, 1712~1781), 이익(李瀷, 1681~1763)은 백제의 건국신화와 관련 있는 산봉으로 언급하였다.

알피니스트의 요람인 인수봉에도 겨울눈이 쌓여 잠시 쉬게 되었다.

• 인수봉(仁壽峰)

고려시대 일명 부아봉(負兒峯)으로 불렸으며 조선 숙종, 영조 때의 고승 성능은 백제 건국신화에 나와 있는 봉우리였다고 한다.

필자의 견해로는 고려시대 사찰 삼각산 인수사(仁壽寺)와도 관련 있는 산봉으로 추정된다.

• 만경봉(萬景峯)

일명 국망봉(國望峯)이라고 하는데 고려시대 그곳에서 국도(國都)를 조망하였다는 의미로 붙여진 뜻이다. 조선 건국 초에는 무학대사(無學大師)가 조선왕조의 국토를 조망하였다고 하나 본래 조망권이 좋은 곳을 만경대(萬景臺)라고 한다.

• 노적봉(露積峯)

마치 노적가리와 같다 하여 이름을 붙였다고 한다.

중흥동 일대의 중흥산성(中興山城)에 우뚝 솟은 봉우리다.

• 보현봉(普賢峯)

조선 초기에 도성의 자리와 내맥(來脈)을 살피기 위해 많이 오르내렸는데 세종 때는 수양대군과 안평대군 및 여러 유신(儒臣)들이 이 봉우리에 올라 해가 출입하는 것을 관찰하였다 한다.

• 의상봉(義湘峯)

의상대사(義湘大師)가 주석하였다.

• 원효봉(元曉峯)

신라시대 원효대사(元曉大師)가 주석하여 유래된 이름이다.

• 비봉(碑峯)

정상에 신라시대 진흥왕 순수비(眞興王 巡狩碑)가 서 있어 붙여졌다.

• 향림봉(香林峯, 현재 향로봉, 일명 삼지봉)

향림봉 아래 있는 고려시대의 향림사(香林寺)와 관련 있어 붙여진 것으로 보인다.

• 장군봉(將軍峯)

고려 우왕 때 최영(崔瑩)장군이 이곳에 주둔하면서 중흥성(重興城. 북한산성 전신)을 수축하기 위하여 머물렀던 사실에 유래된 산봉이다.

•비봉의 순수비(巡守碑)

신라 24대 진흥왕은 왕 16년(555)에 북한산 비봉(556m)에 순수비를 세웠다.
원래의 비석은 1972년 8월에 국립중앙박물관으로 이전하여 보관되어 있고, 그 자리에 모조품이 세워져 있다.

(참조: 북한지*)

* 북한지(北漢誌): 조선 숙종·영조 때 유명한 불승을 지낸 성능(性能)의 저서로써 중흥사(重興寺)에서 30여 년 이상 집필하여 영조 21년(1745)에 탈고한 북한산과 북한산성에 관한 역사 지리서임.

2) 북한산의 이름난 계곡

명산은 석봉(石峯), 석동(石洞), 석천(石川), 석폭(石瀑)이어야 한다는 택리지〈擇里誌: 이중환 著(1690), 조선 팔도 답사기〉의 기록에 있듯이, 북한산은 이와 꼭 같은 이름난 계곡이 많다.

주능선이나 봉우리를 중심으로 거의 동서방향 부채살 모양으로 계곡이 형성되어 있는데 이름난 계곡을 보면 북한산성 계곡, 우이 계곡, 효자리 계곡, 평창 계곡, 구기 계곡, 정릉 계곡, 진관사 계곡, 삼천사 계곡, 구천 계곡, 소귀천 계곡이 있다.

한편, 북한지 등의 기록에는 큰 계곡이나 골짜기를 동(洞)으로 불렀는데, 북한산성 계곡을 백운동(白雲洞), 중흥동(重興洞), 옥류동(玉流洞), 삼천사 계곡의 삼천동(三千洞), 그리고 자하동, 청계동 등으로 칭하고 있다.

북한산의 계곡 중에는 북한산성 계곡이야말로 가장 은밀한 곳에 위치, 수량이 풍부하고 계곡 경관이 워낙 아름다워 예부터 풍류나 시문을 즐기는 풍류객이 머물던 산영류(山映樓)가 이곳 중흥동 계곡에 있었다. 그러나 지금은 초석만 있을 뿐이다.

이 계곡의 물은 대남문 아래쪽 야호샘에서 발원하여 중흥동 사지를 통과하고 또 중성문 옆의 백운동문(白雲洞門)의 수문을 경유하여 북한산 길(구파발~송추간 도로)의 창능천(昌陵川)에 이르는데 특히 강수기에는 옥수처럼 맑고 투명한 물이 철철 넘쳐 장관을 이루며 흘러내린다.

이 외에도 비교적 오염이 심하지 않은 서울시내 외곽 쪽(서북) 효자리 계곡이나(통제구역) 진관사 계곡, 삼천사 계곡은 자연보존 유지상태가 좋아 버들치나 가재가 살고 있는 것을 보게 되는데, 이와 같이 북한산 계곡에도 살아있는 생명체가 다시 서식하고 있다는 사실이 참으로 신기하고 반갑게 느껴지기도 한다.

•진흥왕순수비 모조품의 비문.

9. 오늘의 북한산

1) 도심 속의 국민 휴식 공원

북한산 국립공원은 세계적으로도 드문 도심 속의 자연공원으로 수려한 경관과 2000여 년 역사가 깃든 우리나라 15번째 국립공원이다.

공원 전체가 거의 도시 지역으로 둘러싸여 있는 생태적으로 우수한 자연환경이 수도권 주민을 비롯한 국민 모두의 자연 휴식처로써 빼어나게 아름다운 산이다.

입지 조건상 서울 시내에서나 수도권 어느 곳에서도 입산이 용이하여 매년 탐방객은 500만 명(2004년 기준)을 넘고 있어 우리나라 20개 국립공원 중 가장 많은 탐방객이 몰리고 있다. 세계적으로 단위 면적당 탐방객이 가장 많아 기네스북에 올라 있다고 한다.

◉ 북한산 탐방객 〈단위: 천명〉

년도	2000	2001	2002	2003	2004	년 평균
탐방객수	4.035	4.205	3.951	4.708	5.411	4,462

북한산은 10여 년 전만 하더라도 흔히 계곡 도처에서는 고기 굽는 냄새와 노랫소리가 소란하고 상가시설이 즐비하여 계곡 오염이 심각하였었다.

그러나 1993년 이후 시행하고 있는 취사 야영금지와 상가시설의 점진적 정비로 이제는 계곡에서 가재와 버들치가 살아날 만큼 아름다운 자연생태계가 점차 회복되고 있다.

◉ 주요 시설물

북한산에는 탐방객의 편의를 위하여 주차장 · 공중변소 · 대피소를 요소에 설치하고 등산로를 수시 정비하는 등 계단, 안내, 해설판 및 안전시설 등이 설치되어 있다.

주차장: 북한산성 주차장 - 830대 주차
정릉 주차장 - 120대 주차

대피소: 대피소는 사전 예약제(02-996-5306)로 운영되고 있다.

- 보문대피소 - 70명 수용(02-954-5209)
- 인수대피소 - 40명 수용(02-954-9241)
- 북한대피소 - 30명 수용
- 백운대피소 - 50명 수용(02-905-0909)

◉ 북한산의 문화재

- 국보 제3호 진흥왕 순수비: 진흥왕 16년(555년), 신라 · 고구려 · 백제를 통합하고 세움. 1972년 8월 원본은 중앙박물관으로 옮김.
- 보물로 지정 된 문화재

①보물 제215호 승가사 마애석불여래상

②보물 제657호 삼천사 마애여래입상
③보물 제611호 태고사 원증국사탑비(원증국사탑비)
④보물 제749호 태고보우국사 사리탑

2) 북한산의 생태계

북한산은 많은 탐방객으로 인하여 야생 동·식물서식 환경이 매우 불안정하여 서식 종수(種數) 및 개체수가 급격히 감소하고 있다.

그러나 북한산의 남북 주능선을 축으로 하여 서북쪽 사면에는 출입금지구역이 많고 탐방객(등산객)이 적으며 계곡이 깊고 수량이 많아 서식 환경이 비교적 양호한 반면, 야생 고양이에 의한 소형 포유류 및 조류 등의 개체수 감소 현상도 우려된다.

가) 동물류(1992년 자연자원 종합조사)

- 포유류(6과 16종)

노루, 삵, 오소리, 너구리, 족제비, 고슴도치, 멧토끼, 청설모, 다람쥐, 두더지, 집쥐, 등줄쥐, 생쥐, 큰박쥐, 멧박쥐, 집박쥐, 등이 있다. 이 중 노루, 삵, 고슴도치는 현재 육안 관찰이 안 되고 있다.

- 파충류(6종)

도마뱀, 무자치, 살모사, 까치살모사, 구렁이, 표범장지뱀은 서식처인 습지와 자연 계곡이 파괴되어 현재는 자연 보존이 유지되고 있는 통제구역에서 일부만 발견되고 있다.

• 기타

조류 44종, 양서류 10종, 곤충류 552종

나) 식물류(목본식물 644종)

신갈나무, 소나무, 굴참나무, 상수리나무, 아카시아나무, 당단풍, 미선나무, 개암나무, 철쭉꽃, 진달래, 노랑제비꽃 등이 분포되어 있으며 주요 식물 군락은 신갈나무 군락, 소나무 군락, 굴참나무 군락, 상수리나무 군락, 물오리나무 군락, 아카시아나무, 당나무 군락이 분포되어 있다.

3) 북한산 훼손의 현장

가) 과밀한 탐방객이 문제이다

북한산 훼손 현상이 뚜렷한 원인은 두 가지로 볼 수 있다.

첫째는 북한산의 한정된 산역(山域)에 과다하게 몰려드는 탐방객(등산객)들과 이들의 자연보호 의식부족이다.

북한산 탐방객은 단위 면적당 세계 최고치에 달하여 기네스북에 기록될 정도라고 하니, 앞으로도 탐방객이 증가되는 만큼 비례하여 북한산이 황폐화 되어지는 현상은 가중될 것이다. 북한산 면적이 54.5㎢인데 5년간 년평균 탐방객은 4백22만4천명으로 ㎢ 당 77,500여 명이라는 놀라울 정도의 많은 사람이 몰리고 있다. 예를 들어 이 사람들이 콘크리트 포장 도로위를 걷기만 한다 하여도, 콘크리트 표면이 닳아 깎일 수밖에 없는데, 아름다운 산지의 천연자연 그대로는 도저히 견딜 수 없는 실정이다.

1993년 이후 취사 및 야영금지 조치나 공원 내의 상가 시설 정비로 훼손

된 환경이 좀 나아지고 있으나 이미 심한 훼손 현장의 원상회복은 거의 불가능하다.

현재 북한산에는 지정된 등산로 외에도 수없이 많은 등산로가 있다.

이곳에 몰려 온 탐방객 중에는 소중한 천연 자연환경을 할퀴고, 뜯고, 뽑고, 먹은 것 싸고, 버리고, 불까지 내는 한심한 작태가 지속된다면 앞으로의 북한산 자연환경이 어떻게 될까 심히 염려스럽다.

탐방객 거의가 자연을 사랑하고 산을 좋아하여 하루를 즐기거나 심신수련을 하려고 입산하는 것은 권장될만한 일이나, 바로 그 때문에 산이 몸살을 앓아 자연 생태계가 파괴되어 황폐해지고 있다는 사실을 알고 있어야 할 것이다.

따라서 탐방객은 스스로 자연 휴식년제 구간, 통제 구간, 지정된 등산로 외의 금지구역 등에는 출입을 삼가야 함은 물론 그 외에 자연을 훼손하는 행위는 솔선 자제하여야 한다.

나) 산자락을 깎아 먹는다.

북한산 훼손 원인의 두 번째는, 사람들이 산자락을 깎아 먹어 원상회복이 영원히 불가능하게 파괴하는 것이다.

북한산은 수도권 도심 속에 섬과 같은 위치로 산수가 빼어나게 수려한 자연 공원이 되어 우리나라 어느 국립공원보다 입지 조건상 자연 보존의 위협을 많이 받게 되어 있다. 최근에는 도시개발이라는 미명으로 아름다운 산자락을 허리까지 깎아 쳐들어오고 있다.

불과 얼마 전 1980년대까지만 해도 웬만한 산자락 계곡에는 맑은 물이 흘러 가재와 버들치가 살던 곳이었는데, 일부 지역 심한 곳은 오염으로 어느 공업 단지의 폐수가 흐르고 있는 정도로 악취가 나는 등 생태계가 파괴되고 있다. 또한, 산자락은 고층건물로 막아버려 아름다운 시계(視界)까지 차단해 버렸으니 참으로 답답한 지경이다. 이와 같은 심한 현상은 북한산 주변 평창동이나 구기동, 정릉동 일대, 그 외에도 여러 곳에서 볼 수 있다.

한 예를 들자면 북한산 국립공원 지정은 1983년 4월에 했는데, 국립공원 지정 10년이 경과된 1993년 9월에 이곳 비봉능선 아래 깊숙한 곳에 구기동의 이북 5도청 청사가 신축되었다. 왜 그렇게 했는지 이해가 안 간다.

이곳 구기동 산자락에는 현재에도 집을 지으려고 북한산 암반의 연한 황갈색 화강암 몸통을 화약이나 중장비로 송두리 채 쪼아내고 폭파하는 것을 볼 때가 있다.

먼 앞날을 보지 못하고 오래지 않아 후회하고 원망 들을 일이 너무도 쉽게 자행되고 있다.

근래에 이 산에는 자동차도로가 산 속까지 들어와 점차 확장되어, 생태계나 자연환경 파괴에 많은 원인 제공으로 되어지는 것 같다. 일부 사람에게는 공원 깊숙이 산곡(山谷)에까지 자동차를 사용하여 편리하겠지만, 도로 신설이나 확장으로 인한 자연공원의 지속적인 병폐를 한번쯤은 생각해 봐야 할 것이다.

예를 들어 5·16직후 우이동에서 도선사까지 차도를 확장하면서 선운각(고향산천, 현재 기도원) 요정이 가장 수려한 우이동 계곡에 먼저 들어섰고, 도선사주차장에는 대형버스와 많은 승용차가 언제나 만차가 된 채 매연과 소음공해에 자연환경이 갈수록 훼손되어지고 있다

북한산성 유원지의 도로는 자동차를 일부 통제한다 하여도 실제는 많은 차량이 통행함으로서 정작 걸어서 오르내리는 탐방객에게 교통안전사고 위험이나 매연 등 불편을 주고 자연도 훼손될 수밖에 없다.

공원 내 깊숙이 들어선 사찰로의 경우 구기동 승가사 길, 빨래골 삼선암 길, 백련사 길, 평창동 일선사 길도 앞으로 적잖은 자동차가 다니게 될 것

●꽃피는 북한산
4계절 절기가 바뀔 때마다 거대 암봉은 새 단장을 한다.

같아 염려된다.

북한산이 접한 주변에는 마을 조기회(早起會)의 소규모 체력 단련장이 수없이 많다.

이곳에 식수원을 개발하고 평행봉, 철봉, 배드민턴 장 등을 만들어 동네 사람끼리 편리하게 이용하는데 이는 국립공원 내의 제한된 시설로 규제하여 활용하도록 할 것이며 이미 크게 훼손된 지역은 원상회복하여야 할 것이다.

마지막으로 북한산 산자락을 더욱 훼손할 위기에 있었던 몇 가지 지난 사례를 우리는 되새길 필요가 있다.

1958년대와 1980년대에는 우이동에서 백운대까지 케이블카 설치계획,

우이령 관통도로의 건설추진 등에 대하여 당시 원로 산악인과 시민 단체에서 결사반대하여 저지한 바 있다.

또 몇 년 전의 한 보도에 의하면 북한산 내에 호텔을 짓고 케이블카도 설치하여 관광수입을 올리겠다는 예도 있었다.

최근(2001. 11)에는 서울외곽순환도로의 북한산 관통도로 건설에 대한 문제를 23개 환경시민단체에서 시정 요구하였으나 반영이 안 되었다. 누구나 식견의 차에 따라 의견이 분분할 수 있다.

그러나 자연은 한번 훼손되어 원상회복하려면 50년에서 100년이 걸리거나 대부분 영원히 불가능하다고 하는데, 이 땅의 아름다운 금수강산은 이 시대 우리에게만 주어진 것이 결코 아니다. 즉 천연자연 만큼은 가능하면 훼손치 않도록 소중히 보호하면서 이용하여 후손에게 계속 물려줘야 한다는 것을 명심해야 한다.

10. '서울의 진산 북한산'을 쓰면서

●행궁의 옛 모습
숙종 38년(1712)에 건축하여 1915년 수해 이후 유실되었다고 함.

나는 오래전부터 북한산에 오르면서 갈수록 이 산에 감사한 마음을 더 느끼게 된다. 우리 곁 가까이에 이렇게 수려한 산이 있어 어느 때나 이곳에 올라 심신을 맘껏 휴식하며 즐길 수 있다는 것이 그 중 하나인 것 같다.

그렇게 이 산을 탐닉하던 중 몇 년 전 〈김윤우 선생 편저. 『북한산의 역사지리』〉를 읽고, 비로소 이 산의 역사지리를 어느 정도 이해하게 되었다.

오늘날 북한산을 찾는 많은 사람들(연간 500백만 명 이상)이 이 산에 대한 역사 인식을 조금이라도 갖고 대한다면 북한산은 한층 더 돋보이며 마음속으로 다가올 것이다.

특히 300여 년 전(1700년대) 조선조에서의 산성 축성이나 산중 행궁 축조 등 근세에 있었던 역사의 흔적이 모두 현재 생생하게 남아 있어, 이 산은 한편 산(生) 역사의 현장이라 할만하다.

그리고 이 글을 쓰면서 전적으로 도움이 된 아래 '참고문헌 및 자료' 집필자에게 다시금 감사한다.

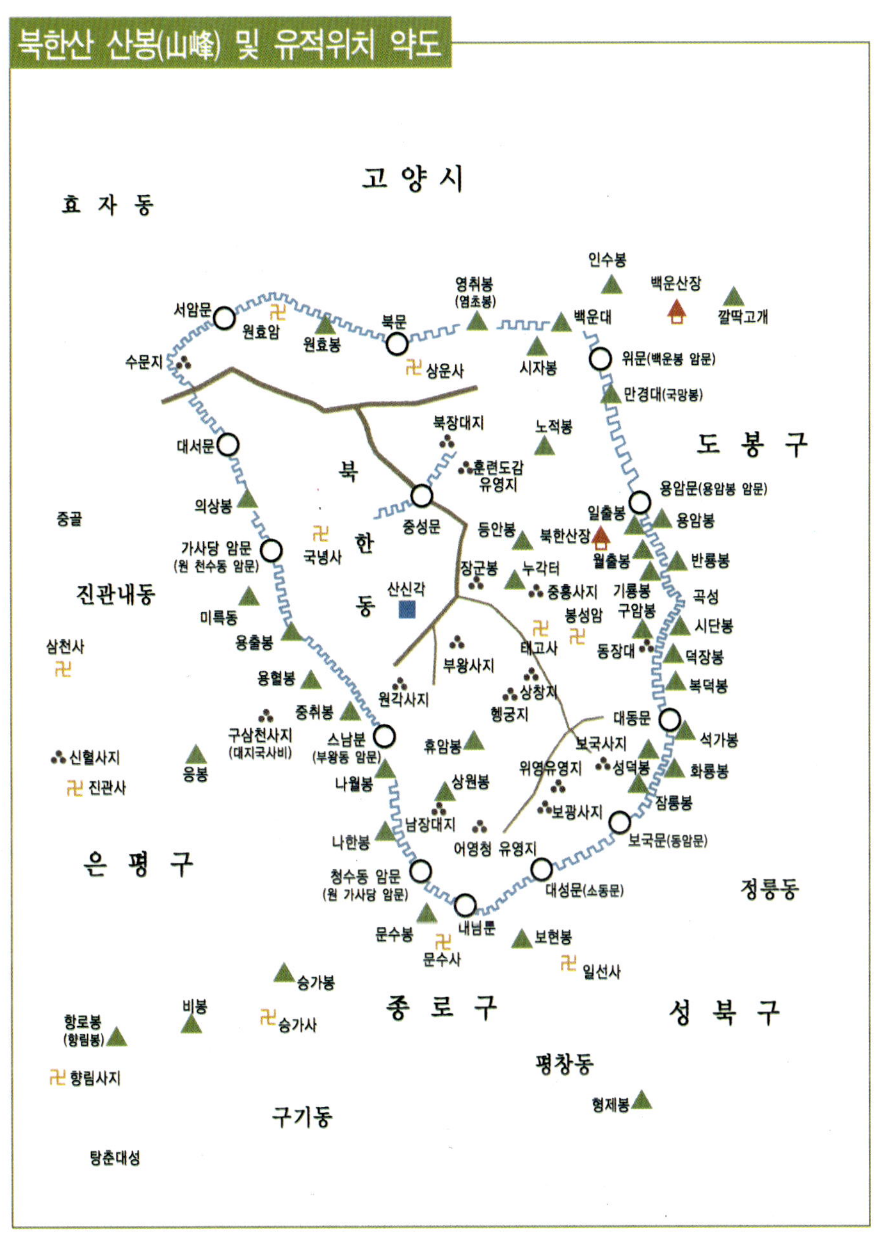
북한산 산봉(山峰) 및 유적위치 약도
고양시
효자동
인수봉
백운산장
깔딱고개
영취봉 (염초봉)
서암문
원효암
원효봉
북문
백운대
수문지
상운사
시자봉
위문(백운봉 암문)
만경대(국망봉)
북장대지
노적봉
도봉구
대서문
훈련도감 유영지
북
용암문(용암봉 암문)
의상봉
중성문
일출봉
용암봉
중골
가사당 암문 (원 천수동 암문)
국녕사
한
등안봉
북한산장
월출봉
반룡봉
장군봉
누각터
진관내동
산신각
중흥사지
기룡봉
곡성
동
미륵동
구암봉
봉성암
시단봉
삼천사
용출봉
태고사
동장대
덕장봉
용혈봉
부왕사지
복덕봉
상창지
원각사지
중취봉
헹궁지
대동문
구삼천사지 (대지국사비)
스남문 (부왕동 암문)
석가봉
휴암봉
보국사지
신혈사지
응봉
위영유영지
성덕봉
화룡봉
진관사
나월봉
상원봉
잠룡봉
보광사지
남장대지
나한봉
어영청 유영지
보국문(동암문)
은평구
청수동 암문 (원 가사당 암문)
대성문(소동문)
정릉동
내님문
문수봉
보현봉
문수사
일선사
승가봉
종로구
성북구
항로봉 (향림봉)
비봉
승가사
향림사지
평창동
형제봉
구기동
탕춘대성

〈부록 집필 참고문헌 및 자료〉

『북한산의 역사지리』 김윤우. 범우사
『북한산』 박인식. 대원사
『한국사 연표(韓國史年表)』 이만열. 역민사
『북한산 가는 길』 박창규. 평화출판사
『택리지(擇里志)』 이중환(李重煥). 서해문집
『북한지(北漢誌) 영인본』 성능(性能). 범우사
『동아일보(2005년 6월 13일 A11면)』
www.npa.or.kr 북한산국립공원관리공단

글을 마치며

풍요로운 삶을 주는 산

산은 옛 산 그대로 인데 세상은 하루가 멀다 하고 변하고 있다. 그런 변화의 흐름에 묻혀 무상한 세월을 탓이나 할 것인가.

"세월은 가는 것도 오는 것도 아니며 시간 속에 사는 우리가 가고 오고 변하는 것 일뿐"이라고 법정 스님은 말하였다.

그렇다. 강물은 오늘도 유유히 흐르고 해는 동쪽 산에서 떠서 내일도 서쪽 산으로 진다. 우리 주변에 보이는 것은 모두 산이며, 우리는 산과 더불어 현재도 미래도 살아갈 것이다. 한민족(韓民族)은 단군 신화 때부터 산으로 시작하여 그 맥을 이어 오고 있다. 농경사회에서 산은 마음의 고향이요, 어머니 품으로 숭상하여 왔다. 산과 물과 인간관계의 조화로움을 다룬 풍수지리(風水地理) 관습은 오늘날에도 우리 실생활에 깊숙히 자리하여 우리는 그 속에서 살고 있다 해도 과언이 아니다.

그와 같이 산 좋고, 물 좋은 금수강산에 선택받아 태어난 우리에게 산(대지)은 얼마나 귀중한 존재인가.

우리의 산은 숲이 있는 산으로 의식주에 필요한 헤아릴 수 없을 많은 천연자원을 제공한다. 그 외에도 맑은 햇빛, 맑은 공기, 깨끗한 물은 삶의 질을 한층 높여 주고, 아름다운 자연경관은 시가(詩歌)나 글, 그림 등 예술분야와 그리고 종교, 철학 등 소재의 대상이며 이 산이 바로 우리들의 심신수련이나 도락의 장이기도 하다.

우리에게는 그와 같은 아름다운 산이 많아 이용하기에 따라 모든 사람이 한층 행복한 생활을 누릴 수 있다.

"사람이 사는데 산수(山水)가 좋아야 마음을 밝게 하며 살 수 있다"고 택리지에서 전해 오는 것과 같이, 역시 산수(山水)는 인생을 풍미(豐味)롭게 만드는 으뜸조건이라 할만하다. 산은 우리 자신의 전부라고 〈산과 한국인의 삶〉에서 이렇게 말한다.

"산은 우리들의 미래이다.
산을 생각한다는 것은 우리들의 미래를 생각한다는 것이다.
산을 생각한다는 것은 우리나라를 생각한다는 것이다.
우리나라가 산이기 때문이다.
산이 곧 우리이기 때문이다.
산의 삶이 곧 우리의 삶이기 때문이다"

(산과 한국인의 삶. 최정호 편 31p에서)

우리나라의 국토 70%는 산지이며 습곡(褶曲)과 같은 불모지는 없다. 그런데 인구 밀도 세계 3위의 고밀도에서 우리가 살고 있다.

그러므로 앞으로 활용할 땅은 거의 산지 밖에 없어 산지의 개발 이용은 불기피하다.

그리고 현재 이 땅은 선조에게서 물려받은 것처럼 국토 개발은 미래의 후손에게 물려줄 유산이라고 전제하여 '어떻게 하면 가장 친환경적이고 효율적으로 이용할 수 있는지' 50년, 100년 이후의 먼 앞날을 바라보고 차질 없이 신중을 기하여 개발해야 할 것 이다.

일부 계층에 편중되거나 잘못된 개발로 인한 자연훼손은 아름다운 금수강산을 황폐화하는 영구 복원 불가능한 위해한 행위이다.

앞으로 산을 살리고 자연과 인간이 조화롭게 공존할 수 있는 산지를 최대한 활용할 수 있다면 우리의 삶은 한층 더 풍요로워 질 것이다.